CAMILLE BILLOTEY

LE PETIT LIVRE PRATIQUE DE LA COMMUNICATION ANIMALE

Découverte, explications, exercices et méditations

Site de l'auteur : **www.camille-billotey.com**

Couverture : Camille Billotey
Texte et mise en page : Camille Billotey
ISBN : 978-2-9572753-0-4

SOMMAIRE

I La communication animale en général..........................7

1 Introduction..9
2 Les canaux...21
3 L'animal miroir..25
4 La mission...32
5 Le rôle des animaux sur Terre..................................33
6 Le code de conduite..35

II Se mettre en condition et débuter la pratique.................39

1 Poser ses intentions...43
2 Entraîner son intuition..45
3 La respiration...50
4 Les chakras..53
5 L'ancrage..57
6 Les manières de communiquer....................................61
7 Premiers essais..68
8 Prendre des notes..71
9 Debrief..75
10 Mettre le mental de côté......................................80
11 S'entraîner seul et en groupe.................................82
12 S'entraîner régulièrement.....................................84

III Approfondir la pratique - Les différentes applications....87

1 Faire une communication complète....89
2 Questions possibles....101
3 L'absence de la maison....103
4 Lui confier ses problèmes....104
5 Gérer les problèmes de comportement.... 105
6 Lui passer des messages....111
7 Aller plus loin....113
8 Animal malade....117
9 Animal en fin de vie....123
10 Animal décédé....127
11 Animal perdu....130

IV Les obstacles et les preuves....135

1 Les obstacles....137
2 Les preuves....146

V Aller plus loin - Méditations spéciales....149

1 Apprendre les différentes formes de soin....151
2 Communiquer avec les autres règnes....165
3 Trouver son animal totem guide....167
4 Demander assistance à son animal guide....170
5 Se reconnecter à la Terre Mère....172

VI Conclusion....175

« On ne voit bien qu'avec le cœur, l'essentiel est invisible pour les yeux »
Le renard au Petit Prince d'Antoine de Saint Exupéry

I LA COMMUNICATION ANIMALE EN GÉNÉRAL

Message d'une chienne :

« J'ai beaucoup d'expérience, je parais jeune mais j'ai beaucoup vécu. Je sillonne les plaines, j'observe. J'ai vu beaucoup de choses, je vois au-delà. J'ai eu plusieurs vies, je me souviens de tout. J'ai une foi inébranlable en la vie, je gère. Je veux expérimenter la fidélité, l'amour, me sentir portée par le courant. »

1 INTRODUCTION

Tout amoureux des animaux le sait au fond de lui : les animaux sont spéciaux. Ils ont quelque chose d'indéfinissable. Ils ne sont pas humains, mais c'est tout comme. À la fois si connectés à la nature, dans leur rôle parfait d'animaux, ils semblent aussi parfois tellement plus sages que l'humanité. C'est comme s'ils savaient des choses que nous humains étions incapables de deviner. À moins que cette connaissance n'ait déjà été à notre portée et que nous l'ayons tout simplement oubliée. On le sait sans vraiment le comprendre, nos Ancêtres étaient liés à la Nature et vivaient en harmonie avec elle. Ils avaient des savoirs que nous avons soit oubliés depuis, soit pris en dérision, comme si nous considérions qu'ils étaient comme l'enfance de l'humanité, et nous - les hommes d'aujourd'hui - en étions devenus les adultes. Pourtant, l'être humain, face à la destruction de la nature, recommence à se poser les bonnes questions et à se tourner à nouveau vers les grandes mémoires de l'humanité. Les Anciens avaient finalement probablement raison sur beaucoup de points : il y a des règles naturelles à respecter si on veut rester les bienvenus sur notre planète et y avoir notre pleine et entière place.

Si vous avez ce livre entre les mains, c'est que cette question existe dans votre esprit : Comment redevenir un être entièrement connecté à la nature ? Il faut se remettre en question en tant qu'espèce, et également en tant qu'individu. *Soyez le changement que vous voulez voir dans le monde* disait si sagement Gandhi. En nous améliorant nous-mêmes, nous améliorons le monde un peu plus. Apprendre à mieux comprendre la nature est un cadeau que nous nous faisons à nous-mêmes, et une preuve de bonne volonté. Les animaux méritent que nous les mettions enfin à leur juste place et que nous les respections. Pour y parvenir, pourquoi ne pas apprendre à les écouter, vraiment ?

QU'EST-CE QUE LA COMMUNICATION ANIMALE ?

La communication humaine passe par différents biais : par la parole, par l'écrit, par les gestes, les regards…Et également par la pensée. C'est ce qui fait partie de notre sixième sens, ce grand inconnu. On l'utilise sans arrêt, sans même s'en rendre compte, à la fois pour envoyer des signaux et pour en recevoir. Tout ce qui est envoyé au travers de la pensée est par définition invisible et quasi impalpable. C'est en développant cette capacité que peu à peu, on apprend à l'apprivoiser.

On appelle cette capacité la télépathie ou la communication intuitive.

L'aptitude à utiliser la télépathie existe chez tout le monde, sans exception. Ce n'est pas un don réservé à certains élus, mais tout simplement un de nos sens caché, celui qu'on peut appeler le sixième. Nous naissons tous avec la possibilité d'échanger librement avec les animaux. Puis il arrive un âge où on se déconnecte, sous la pression de la logique, de la raison, de la société qui estime qu'il est malvenu d'agir et de penser à contre-courant. Certaines personnes malgré tout, détachées de tout ça, restent connectées à leur ressentis et continuent d'y croire et de pratiquer. Par contre, pour la grande majorité, il est nécessaire d'avoir la volonté de retrouver toutes ces sensations et de faire l'effort de s'y réessayer. C'est alors à travers une pratique régulière que nous pouvons tous recommencer à communiquer avec les animaux. Chacun de nous sans exception.

On me demande souvent avec quels animaux on peut communiquer. La réponse est simple : tous ! Et même plus encore. La télépathie concerne tous les êtres vivants, donc tous les animaux sont concernés, que ce soit les gros et les petits, les mammifères, les poissons, les insectes, les sauvages et les domestiqués… Les humains aussi évidemment. Et qui dit être vivant dit aussi les plantes... Et les minéraux… Mais nous allons commencer en nous concentrant sur les animaux. Vous aurez tout le loisir d'expérimenter quand vous serez à l'aise avec les animaux.
Comment communique-t-on avec un animal ? On peut lui parler et échanger avec lui comme avec une personne, de manière aussi claire, à travers la parole, sauf que ça se passe dans la tête. Et cela va plus loin car on utilise bien d'autres formes de communications pour aller au plus profond et pour avoir un échange précis et respectueux.
Avant de commencer à s'entraîner, il faut prendre conscience des difficultés qui guettent tout débutant et comprendre comment les surmonter. C'est un travail de tous les jours, qui doit accompagner chaque communication. Il est important de se souvenir que nous passons tous par les mêmes difficultés et qu'elles ne sont pas éternelles, même si elles nous semblent énormes.
Le secret est le même pour tout le monde : la pratique régulière.

COMMENT ÇA MARCHE ?

Difficile encore aujourd'hui d'affirmer avec certitude comment la communication intuitive fonctionne, de manière scientifique. Elle reste un domaine obscur, dans le sens où la lumière de la science ne l'a pas

encore éclairée. Il faut donc pour l'instant se baser sur les expériences des personnes qui pratiquent et sur les connaissances accumulées au fil des temps, à travers l'histoire.
Une chose est sûre, c'est que sur ce sujet, la meilleure et unique manière de vous faire un avis est de pratiquer et découvrir par vous-même. Ce livre se propose de vous donner des bases, de vous montrer le début du chemin, afin de vous permettre de passer la première barrière qui est celle de votre propre peur de l'inconnu et de l'échec. Il est très dur quand on commence une pratique spirituelle de voir où on va et de savoir comment s'y prendre. Plus dur encore de se faire confiance et d'arriver à analyser les résultats. Le plus souvent, on se heurte à la crainte d'être ridicule, d'avoir tort, de ne pas bien faire et d'être la seule personne incapable d'y arriver. Tout le monde ou presque passe par là, c'est humain.

Je voudrais vous aider, à travers ce guide, à avancer pas à pas pour avoir toujours quelque chose de concret à quoi vous fier, quand votre confiance en vous vous fait défaut. À travers des explications, des pistes et des exercices simples et concrets, vous pourrez découvrir le monde de votre propre intuition pas à pas, jour après jour, et découvrir comment ça marche. Fixez-vous comme objectif d'aller au bout de ce guide, en suivant les exercices les uns après les autres, car il est possible que dans vos débuts vous ayez la sensation de ne rien recevoir. Ce n'est pas le cas. Et vous le découvrirez avec l'expérience. Il ne faut pas baisser les bras avant d'avoir des résultats. Et quand vous avez des résultats, alors il faut continuer sur cette voie et aller toujours plus loin !

COMMENT FAIRE POUR RECEVOIR DES INFORMA… INTUITIVES ?

Si on ne sait pas exactement comment ça fonctionne, ce qu'on sait en revanche, c'est que l'information subtile, qui se traduit par l'intuition, la télépathie, l'énergie de guérison… se déplace au moyen de vibrations, comme le son. C'est pourquoi c'est invisible. Ces vibrations sont regroupées en différentes fréquences, ou ondes cérébrales. À chacune d'elle correspond un état physique et mental :

- **Ondes Bêta:** Ce sont les ondes de l'éveil, quand on est actif. Elles sont rapides, entre 12 et 30 Hz.
- **Ondes Alpha:** Les ondes sont plus lentes, entre 8 et 12 Hz, elles sont présentes quand on est en état de relaxation.
- **Ondes Thêta:** De 4 à 8 Hz, elles correspondent à un état méditatif profond et au sommeil paradoxal.
- **Ondes Delta:** De 1 à 4 Hz, elles sont lentes et hautes en amplitude. Elles correspondent à une relaxation intense et à l'état de sommeil profond.

La fréquence d'ondes recherchée pour pratiquer la communication animale est la fréquence Alpha, qui intervient lors d'un état méditatif conscient. Cette fréquence d'onde est reçue par le cerveau de manière plus efficace lorsqu'il est soit au repos, soit au moins détendu. C'est pourquoi la méditation est si utile et si recherchée dans toute pratique énergétique. Plus le cerveau et le corps sont au calme et détachés de toute préoccupation, plus il y a d'espace libre pour recevoir et émettre des informations subtiles, c'est-à-dire étant propagées par les vibrations de l'énergie. Autrement dit, il faut une page blanche pour écrire quelque chose dessus qui soit lisible. Une fois le calme et le vide faits dans notre esprit et la bonne fréquence trouvée, les informations vont commencer à arriver, sous différentes formes. Toute information et stimuli extérieurs sont interprétés par le corps à travers nos cinq sens classiques. Celui qui nous intéresse est le sixième, celui de l'intuition, qui a lui aussi diverses manières de nous faire passer des messages.

De quelle manière ?

- **Par l'audition**, autrement appelée la clairaudience : Il est possible d'entendre « une petite voix » dans sa tête qui nous donne des phrases, des bribes de phrases ou des mots épars.
- **Par l'image,** soit la clairvoyance : des images ou des morceaux de films nous apparaissent, comme en pensée, qu'on en fasse la demande ou pas. Ces informations sont très utiles pour être plongé dans le bain et voir directement à travers les yeux de l'animal.
- **Par les ressentis :** il peut s'agir de ressentis physiques ou d'émotions. L'animal peut par ce biais nous faire ressentir directement et intimement dans quel état il est.
- **Par la certitude :** certaines informations peuvent nous frapper par leur évidence. De la même manière qu'on est parfois capable de savoir des choses sur une personne sans qu'elle ait à nous le dire, on peut avoir des certitudes inexpliquées par rapport à un animal.
- **Par le goût et l'odeur** (la clairambience et la clairalience) : certains ressentis de goût et d'odeur ne sont pas réels et nous parviennent directement en pensée. Ils ne font pas partie de notre environnement direct, mais c'est l'animal qui choisit de nous envoyer ce genre d'information précise.

Les informations intuitives se propagent de pensée en pensée et vont être plus ou moins évidentes à saisir et à comprendre selon le degré de connexion de la personne qui reçoit. Ce degré de connexion se travaille à la fois sur le moment en se préparant pour être le plus réceptif possible, donc dans un état de calme et de détente maximum, et se travaille également sur la durée. C'est un travail quotidien et une manière de vivre. Il faut s'impliquer dans sa découverte de la spiritualité pour affiner sa connexion et sa réception. Pour ça, il y a une infinité d'entraînements et d'exercices différents pour y travailler au jour le jour, et au fil des ans. Je vous en proposerai une poignée dans ce livre, afin de vous aider à acquérir des bases solides sur lesquelles construire votre recherche de développement spirituel. Car communicateur animalier n'est pas une pratique décollée des autres, elle fait partie d'un tout dans le monde des pratiques énergétiques et spirituelles, et il est possible de s'intéresser à un large éventail de ces pratiques. Dans tous les cas, pour devenir communicateur animalier, il est absolument nécessaire de travailler sur soi, à son développement et à son ouverture, afin d'être capable de capter les animaux du mieux possible. Sans travail régulier et écoute de ses propres énergies, le chemin risquera d'être bien plus embouteillé. Il faut donc bien prendre conscience que l'important est d'abord de prendre soin de soi-même avant d'être capable d'aider les autres.

Un esprit libre et réceptif captera donc au mieux les informations envoyées par les animaux lors d'une séance de communication intuitive. Plus l'esprit est clair, plus il est facile d'interpréter au mieux ce qu'on reçoit. Ce qui est compliqué quand on commence à communiquer est de réussir à faire la différence entre une information intuitive et notre propre imagination. Le mental et l'esprit logique sont clairement les pires ennemis du communicateur débutant, et bien sûr, ils sont extrêmement réticents à s'effacer. Comme ils ne partiront pas d'eux-mêmes, il faut apprendre à voir au-delà et à les contourner. Ça vient avec le temps.

La pensée existe au-delà du temps et de l'espace. Elle est présente et active dans tous les esprits et nous guide dans chacun de nos pas, nous donnant des conseils à travers l'intuition. Elle passe d'un esprit à un autre, d'humain à humain, d'animal à animal et d'humain à animal, sans problème et sans limite, il n'y a pas de langues et d'espèces différentes au niveau de la pensée. En fait, il y a un langage unique, qui a toujours été le même et qui ne changera jamais. La pensée se déplace sans obstacle, quasi instantanément. On peut à la fois échanger de manière télépathique avec un animal qui se trouve en face de nous et avec un autre qui est au bout du monde et qu'on n'a jamais rencontré. Il n'y aura aucune différence, ni dans le laps de temps à recevoir, ni de langue, ni d'efficacité.

Dans cette logique, il est tout à fait possible d'établir une communication avec un animal à partir de sa photo, ou même sans mais avec un minimum d'information sur son physique. Pour être sûr d'être bien en connexion avec le bon animal, il y a un petit procédé à suivre en questionnant l'animal directement. De manière générale, le simple fait d'exprimer la volonté d'être connecté à tel ou tel individu nous met en relation instantanément. La pensée, par la volonté, crée une réalité : on attire à nous ce qui occupe nos pensées. C'est ce qu'on appelle la Loi de l'attraction.

Quand on entre en contact avec un animal, c'est en général à la demande de son humain, qui aura besoin par exemple de savoir ce que son compagnon pense et ressent, de comprendre ses changements de comportement ou de santé, ou encore aura besoin de lui passer un message. Si l'animal et la personne sont en face de vous, alors pas de problème pour raconter vos échanges, vous le faites en direct. Dans le cas où ce petit monde est éloigné et que vous avez donc recours, probablement, à une photo de l'animal, vous pouvez faire votre compte rendu ou bien en différé par écrit, ou bien directement, par visio ou téléphone. Vous aurez probablement une idée avant de commencer de ce qui vous attire le plus, ou pas du tout. Puis en essayant les différentes techniques, les évidences se feront. Ne vous forcez pas, selon la demande, à utiliser une technique qui ne vous convient pas, ou qui vous stresse, car alors là, vous aurez bien plus de difficultés à vous connecter et à vous concentrer. Trouvez votre propre terrain.

POURQUOI FAIRE DE LA COMMUNICATION ANIMALE ?

Recréer le lien perdu pour retrouver ses origines est la lumière au bout du chemin. Il faut avancer sur ce sentier avec des étoiles dans les yeux et l'esprit ouvert à tout. C'est une pratique alternative, encore inconnue du grand public, et l'important est de se l'approprier et de la faire partager et découvrir autour de soi. Les animaux méritent qu'on se tourne vers eux et qu'on leur donne une voix. C'est même de plus en plus urgent, ils ont besoin d'être protégés et d'être reconnus comme étant des êtres sensibles et pensant. Faire de la communication animale permet de se placer en tant que médiateur entre humains et animaux et aider ces derniers à retrouver toute leur place.

Au niveau individuel, tout animal a besoin à un moment ou à un autre de s'exprimer, de dire ce qu'il a sur le cœur à son humain et pourra avoir besoin d'aide pour sa santé et son bien-être. Quand une personne vient à vous à la recherche d'aide pour son compagnon adoré, vous avez, en tant qu'interprète animalier, des possibilités de répondre à son appel, d'une manière différente d'un vétérinaire ou d'un comportementaliste par exemple. La communication animale offre un nouveau terrain de découverte. Il est possible de voir plus loin que les évidences, de remonter dans le temps pour trouver l'origine d'un mal, d'aider à soigner et à retrouver un équilibre par l'énergie, de mettre en lumière une relation humain-animal…Plus on avance dans la découverte de ce monde enchanteur, plus on comprend l'immensité des liens invisibles qui existent à travers tous les êtres.

Le monde physique nous a habitués à la finitude, aux limites, aux cadres, ce qui implique nécessairement des blocages, des difficultés à penser au-delà des cadres ou à se voir autrement que limité et entravé. À travers ces barrières, comment réussir à ne pas voir flou ? Difficile de s'imaginer des pouvoirs infinis. C'est pourtant en dépassant ces restrictions et pensées limitantes qu'il sera possible de se réapproprier sa vision, pour qu'elle devienne parfaitement claire, son audition pour qu'elle devienne parfaitement fine et son intuition pour qu'elle reprenne enfin sa place légitime de véritable conseillère. Apprendre à dépasser ses peurs d'aller en terre inconnue et commencer à apprivoiser ses possibilités intuitives est le défi que tout communicateur animalier débutant se lance, sans même forcément en être au courant. Vous vous tenez sur le commencement de votre développement personnel, de votre propre évolution, qui va vous permettre de vous redécouvrir, à travers des pratiques étonnantes et nouvelles. La communication animale fait partie d'un grand tout, ne vous limitez pas et partez à sa découverte.

LA COMMUNICATION ANIMALE ET LES RELIGIONS

Les animaux ont toujours gravité autour des humains et fait partie, de manière éloignée ou très proche, de leurs vies. Créatures fascinantes, parfois effrayantes et dangereuses ou utiles et indispensables, elles sont toujours passionnantes. Dans les temps anciens où tout était à découvrir, et donc propice à l'imagination, les humains ont créé leurs dieux, leurs puissances supérieures, appartenant à ces lieux qui nous semblent si lointains et inaccessibles et capables de prodiges. Il est donc bien normal que le peuple animal, si proche et pourtant si différent de nous, soit devenu une partie si conséquente du folklore magique et du monde supérieur des esprits et de la magie. Parfois, les animaux sont les messagers, les entre-deux entre les deux mondes et parfois ils sont les dieux eux-mêmes. Dans ce rôle d'êtres supérieurs, pas étonnant qu'ils soient doués de la parole et qu'ils parlent le même langage que les humains. Être capable de converser avec un animal était, au début du monde, une évidence. On ne se posait pas alors la question de savoir par quel procédé cela passait, quelle importance ? On avait certaines évidences devant les yeux, d'autres enfouies dans les cœurs, et bien sûr, ça suffisait pour être réel. Au fil du temps et des lieux à travers le monde, les croyances et les mythes ont été différents, ont évolué, ce qui en fait cette richesse qui nous fascine aujourd'hui.

La première forme de pensée religieuse fut l'animisme, ou le chamanisme, qui croyait en la présence d'esprits dans chaque être vivant. Par *être vivant*, un chaman entend tout : humains, animaux, plantes, minéraux, les étoiles, la planète...Tout à une âme. Et les âmes sont faites de la même matière, tout comme chaque corps est composé des mêmes atomes. Ainsi, les âmes vibrent toutes au même niveau et parlent le même langage. Pour un chaman, parler avec la conscience d'un animal est aussi évident et facile que de parler avec quelqu'un.
L'une des grandes religions antiques, la mythologie égyptienne, fait partie des représentantes les plus connues du rôle prépondérant qu'on toujours eu les animaux dans le monde subtil. Chaque dieu égyptien était représenté comme ayant un corps humain et une tête d'animal spécifique, associé à son pouvoir. La douce déesse Bastet, déesse à tête de chatte, était la déesse du foyer et de la famille. Horus, dieu à tête de faucon, avait la capacité de voir, à travers son Œil magique l'œil Oudjat, tout le monde invisible. Les faucons sont toujours considérés comme étant des totems de visualisation et d'intuition.

Et si les dieux ont la capacité de prendre forme animale, les humains ne sont pas en reste. Principalement associée à une malédiction, la capacité de changer de forme - l'art d'être métamorphe - est une situation également très répandue dans les mythes. Au Moyen-Age, on pensait que certaines personnes, durant les pleines lunes, se transformaient de manière involontaire en loup-garou, et quiconque était mordu par eux attrapait à son tour la malédiction. Chez les Nordiques, une légende raconte que des guerriers pouvaient prendre la forme d'ours immenses et bien plus dangereux que leurs véritables homologues, ou tout du moins être habités par la force de leur puissant animal totem. Ils étaient appelés les Berserkers.

Saint François d'Assise, un saint catholique né à la fin du 12ème siècle est connu pour avoir été particulièrement proche du monde animal, et en particulier des oiseaux. Il considérait les animaux comme les égaux des hommes, et c'est pourquoi il est aujourd'hui devenu le saint patron des animaux et de l'écologie.

Un autre personnage religieux avait reçu le pouvoir de parler avec les animaux, à travers un anneau reçu de la main de l'archange Mickaël. Il s'agit du roi Salomon.

Dans le Bouddhisme, les animaux sont considérés à forte raison comme les parfaits égaux des humains, car le pouvoir de la réincarnation les fera revenir dans un corps humain, si ce n'est pas déjà arrivé dans une vie précédente. Toute vie est donc sacrée car elles sont toutes égales entre elles.

Le peuple animal est inspirant, protecteur, guide, messager et a toujours fait partie de nos vies. Rendons lui hommage en nous tournant de nouveau vers lui pour profiter de sa sagesse.

2 LES CANAUX

Le langage humain est principalement basé sur les mots, qui vont former des phrases logiques que toute personne parlant la même langue va comprendre. On le sait, les animaux ont eux aussi leurs propres langages vocaux, qu'ils utilisent, mais moins encore que celui du corps. Quand on connaît un peu les animaux, on est capable d'interpréter leurs signaux physiques et de savoir, par un mouvement d'oreilles, de queue, par une attitude timide ou des grognements dans quel état mental et émotionnel ils se trouvent, ce qu'ils peuvent avoir envie de nous exprimer ou encore quelle est leur réaction à ce que nous leur avons dit. On voit donc que les animaux ont d'autres cartes en main pour passer leurs messages, une manière plus subtile de communiquer, qui passe par des signes à interpréter. Bien sûr, nous aussi nous utilisons le langage du corps, de manière très intuitive d'ailleurs et en arrière-plan, car ce n'est pas notre langage principal. Mais le fait est que l'humanité a rapidement fait le choix de concentrer sa manière de communiquer sur la technique efficace et rapide du langage parlé mais qui pourtant s'avère limitée dès que deux personnes tentent de communiquer sans parler la langue de l'autre. Réussir à utiliser d'autres canaux de communication que la parole est donc une nouvelle aventure pour un humain, dans laquelle il faut remettre ses habitudes en cause, héritées d'un patrimoine commun et très ancien. Ce n'est pas mission impossible, parce que la force de l'humanité réside dans sa capacité d'adaptation et sa plasticité, et toute personne qui veut évoluer et y qui met toute sa volonté y arrivera, c'est certain. Il nous faut donc réapprendre et découdre ce qu'on a appris, ce qui nous a été inculqué et voir les choses sous un nouvel angle et ne pas avoir peur de changer d'horizon et de passer à d'autres réalités. Pour y arriver, il est nécessaire de mettre de côté nos habitudes de réception, qui sont basées principalement sur les mots et nous ouvrir à tous nos sens.

Comme les animaux. Pour parler avec eux, il faut parler comme eux et utiliser tous leurs outils.

Voyons ensemble quels sont les principaux canaux de réception intuitive avec lesquels vous pourrez dialoguer librement avec eux.

LES DIFFÉRENTS CANAUX DE RÉCEPTION

L'audition

C'est la télépathie, l'un des canaux principaux. Ça se passe de la même manière que lorsqu'on parle directement avec quelqu'un, sauf que cette fois, les mots s'entendent dans notre for intérieur.

On entend directement des mots, seuls ou à la suite, ou des phrases complètes. La voix qu'on perçoit est en réalité notre « petite voix », c'est celle qu'on entend quand on pense dans sa tête, quand on se parle à soi-même. Il peut arriver malgré tout que ce soit une voix étrangère, donc directement celle de l'animal, mais c'est bien plus rare. En général, on a l'impression de se parler à soi-même, et c'est une des subtilités à comprendre et à dépasser.

Quand on reçoit par ce canal, la difficulté à surmonter est de faire le tri entre ce qu'on entend de l'extérieur, ce qui vient effectivement de l'animal et entre ce que nous dit notre mental, qui est constamment présent en arrière-plan de notre esprit.

La vision

Comme pour l'audition, la vision télépathique s'utilise aussi intérieurement. On voit des images, furtives ou non, dans notre tête. Ces images peuvent tout aussi bien être réelles que symboliques. Elles peuvent se montrer sous forme de photos ou de films : une image figée et furtive, ou l'impression de voir comme dans un rêve, avec la scène qui se déroule autour de soi. Parfois, les images sont si furtives qu'on pense que ce n'est que notre imagination, d'autant que le mental fait défiler à longueur de journée des images devant nos yeux, donc c'est une habitude qu'on a tous. Il faut pourtant les accepter comme des messages et leur donner de l'importance, même si elles semblent anodines. On peut percevoir une personne en particulier, une situation, l'intérieur de la maison, les autres animaux du foyer, une scène du passé… Les images sont un canal de réception assez général, qui est bien développé chez les débutants et assez bien reçu. On a tendance à faire plus facilement confiance aux images qu'on voit qu'aux mots qu'on entend, puisque les images sont vraiment devant nos yeux, alors que les mots sont ceux de notre voix. S'il s'avère être aussi pour vous un canal efficace, aidez-vous en, et faites-lui confiance.

Les ressentis

Il y a deux sortes de ressentis, physiques et émotionnels.

On peut être amené à ressentir des stimuli physiques, comme une petite douleur rapide à un endroit du corps précis, qui correspond à l'endroit où l'animal a mal. Ça peut aussi être une sensation sur la peau : de la chaleur, du froid, des picotements, des frissons…qui vous permettront de comprendre directement dans quel état physique est l'animal.

Et il y a les ressentis émotionnels : lorsqu'on ressent de la joie, de la tristesse, de la colère, du rejet, du dégoût... On sait que ces émotions ne nous appartiennent pas car elles apparaissent d'un coup et disparaissent lorsqu'on coupe la communication. Sur le moment, elles peuvent être très diffuses, furtives ou bien au contraire très fortes, ce qui peut être assez déstabilisant, et il faut alors apprendre à s'en détacher. Soyez comme un comédien qui se met dans la peau de son personnage mais qui, une fois hors de la scène, doit couper les liens pour redevenir lui-même et ne pas se faire dévorer par cette seconde personnalité passagère. Vous devez vous servir de l'intuition pour mieux comprendre l'autre, mais jamais pour prendre sa place ou ses maux. Ne vous transformez pas en éponge.

L'évidence

Parfois on sait des choses, on ressent des évidences, on a des informations qu'on ne peut pas expliquer. On le sait et c'est tout. On a des certitudes : on sait qu'il y a un passé lourd, qu'il a vécu un évènement particulier ou encore on connaît la manière de l'aider, comme un remède homéopathique ou un rituel simple à appliquer. Encore une fois, il faut bien apprendre à faire la différence entre les vraies évidences et celles qui ne sont pas fondées, et ne pas céder aux pièges de l'égo en s'imaginant que tout ce qui nous passe par la tête est parole d'évangile. L'intuition n'est pas une science exacte.

Le goût et l'odorat

On peut dans certains cas ressentir un goût sur la langue ou sentir une odeur. Soit cela vient tout seul, sans qu'on s'y attende, soit on peut demander à l'animal de nous envoyer des infos par ce canal pour des choses en particulier, comme par exemple le goût de sa nourriture préférée ou les odeurs qu'il ressent autour de lui. Ce mode de réception est rarement le canal principal mais vient plutôt en renfort. Il peut par contre être d'une grande aide lorsqu'on recherche un animal perdu : il faut alors lui demander de communiquer les odeurs qu'il ressent, et cette aide peut alors resserrer la zone de recherche (est-ce que ce sont des odeurs de sous-bois, de restaurant spécialisé, de poubelles, d'autres animaux …?).

3 L'ANIMAL MIROIR

Les animaux font partie de nos vies et de nos familles depuis des millénaires à présent. Ils ont peu à peu accepté de se laisser apprivoiser et de vivre à la manière humaine, de nous assister dans nos tâches quotidiennes, de travailler avec nous, de nous suivre dans nos périples à travers les lieux et les âges. Leur présence est une évidence, et elle nous est indispensable. Ils sont si proches de nous qu'on les considère comme nos enfants : on prend soin d'eux, on les nourrit, les soigne, les protège. De leur côté, ils ont eux aussi leur propre rôle et leur mission envers nous, dont fait partie l'effet miroir. Tout ça se met en place avant même l'adoption.

La rencontre d'âme

Les rencontres ne sont jamais anodines. Que ce soit avec une autre personne, ou avec un animal. Quand un animal croise votre chemin, il y a une raison à la fois pour vous et pour lui. Il peut n'être que de passage, en apparaissant furtivement devant vous : on parle dans ce cas d'un animal totem qui vient vous délivrer un message sur l'instant : à vous alors de le relever et de le déchiffrer. Et il y a les animaux que nous adoptons, que nous accueillons chez nous. Au point de départ de l'adoption, on a en général une envie précise d'un animal appartenant à une espèce en particulier : un chat, un chien, un cheval, un lapin…, et on peut ensuite soit se laisser guider par le hasard soit avoir une idée arrêtée sur les détails comme le sexe, la race, la robe, l'âge, le caractère... L'adoption peut se faire en refuge, en association, chez un éleveur ou un particulier. Il y a beaucoup de points qui entrent en jeu lorsqu'on décide d'adopter un animal, et qui nous donnent la sensation d'avoir nous-même choisi ce chien-là particulièrement, d'être le seul décisionnaire.

Mais est-ce vraiment le cas ?

En réalité, que se passe-t-il avant toutes ces décisions ? À partir de l'instant où on décide qu'on a envie d'avoir un compagnon à quatre pattes (ou à deux ailes, ou à écailles…) et que cette idée devient certaine, alors elle se condense en énergie et prend sa propre réalité. Toutes les idées, les pensées prennent forme au niveau énergétique et par là même deviennent réelles à un certain niveau, sur un certain plan de réalité. C'est ensuite à nous qu'appartient la possibilité de l'emmener dans notre réalité physique. L'envie d'avoir un chien va devenir puissante et va rencontrer l'idée d'un chien quelque part qui attend de vivre avec un humain. Mais ces choses-là ne se font pas au hasard, ainsi ce ne sont pas les premières idées qui se rencontrent qui s'assemblent. C'est une question de vibration. Les mêmes vibrations s'associent entre elles, s'attirent mutuellement. Aussi, deux vibrations ayant les mêmes schémas à vivre vont se retrouver automatiquement à partir du moment où elles se mettent à vibrer, au moment opportun.

Ces vibrations peuvent être de plusieurs sortes :

- Dans certains cas, c'est un lien karmique qui doit se refaire : deux âmes se connaissant déjà d'une vie d'avant ou de celle-là et qui doivent se retrouver. Il peut donc s'agir du lapin, du chien, du chat de son enfance, ou de celui qui est parti quelques années plus tôt.

- Deux âmes ayant des choses similaires à vivre, les mêmes combats à gagner, les mêmes émotions à expérimenter vont se connecter ensemble pour vivre leurs missions en duo. C'est la plus répandue.

Quand le lien a été fait entre ces deux âmes, alors la magie n'a plus qu'à opérer dans le monde physique. Soit on se sent irrémédiablement attiré par un animal en particulier, soit c'est le hasard qui nous rassemble et le met sur notre chemin. Et le couple est associé. Tout cela se fait dans l'anonymat le plus complet car on ne se rend évidemment pas toujours compte à quel point tout est évident. On peut malgré tout avoir des doutes durant toute la vie de son animal, par exemple lorsqu'on a des différences avec lui, et que l'amour ou la patience n'est pas au beau fixe, car les relations sont vivantes. C'est pourtant aussi dans ces moments-là que les deux âmes se parlent.

L'effet miroir

C'est une chose très peu connue, et qui pourtant est bien réelle et indispensable à connaître. L'animal est comme une éponge. Très connecté, c'est-à-dire en lien avec son instinct, ses ressentis et ses besoins, il l'est aussi avec les autres. Les animaux n'ont pas besoin qu'on leur dise comment on se sent pour qu'ils le comprennent. C'est évident pour eux. Ils sont bien évidemment doués d'empathie. Et cette empathie se manifeste au niveau le plus subtil et le plus extrême. La mission d'un animal est de nous faire voir le monde différemment, de nous aider à nous remettre en question. Ils sont comme nos petits anges gardiens.

Puisque, comme on le sait, la conversation directe entre humains et animaux n'est pas ce qu'il y a de plus développé, alors ils doivent trouver d'autres moyens de communiquer avec nous et de nous faire passer des messages. Deux de ces moyens très efficaces et parlants sont le comportement et la santé.

L'effet miroir et le comportement

Qu'est-ce qu'un animal qui a un comportement inadapté, c'est-à-dire qui n'est pas équilibré pour son bien-être et celui de ceux qui l'entourent ? C'est tout simplement un animal qui essaye de s'exprimer et de nous faire comprendre à nous simples humains déconnectés ce qu'ils ressentent. Et de nous faire réaliser un point important, qui va varier selon les situations. Dans les problèmes de comportement, il est impératif d'étudier tout le milieu de vie de l'animal pour comprendre d'où tout part. Il y a forcément une raison. La raison peut être médicale c'est pourquoi un passage chez le vétérinaire s'impose toujours en premier lieu. Et elle peut venir aussi de la famille humaine. Il faut alors se poser la question : qu'est ce qui résonne en nous quand notre animal se comporte étrangement ? Qu'est-ce qu'il fait exactement, par rapport à qui, à quel moment, à quel endroit... ? Quand est-ce que ça a commencé ? Tentez de discerner ce qui se cache derrière ce comportement. Si vous étiez à sa place, pourquoi feriez-vous ça ? Et posez-vous bien la question de savoir en quoi ce comportement ressemble - ou est à l'opposé - de ce que vous vivez et de votre manière d'être.

Comment le comportement de nos animaux peut-il avoir un rapport avec nous ?

Notre animal fait partie intégrante de la famille et, comme un enfant, il est éduqué selon les règles et les manières de la famille. Il va peu à peu se calquer sur ses humains et avoir les mêmes habitudes et manières d'être. C'est donc en rapport avec ces acquis qu'il va réagir, car c'est ce qu'il connaît.

Mais l'animal a aussi un autre rôle, qui est celui de gardien. Il est là pour veiller sur ses humains, tant au niveau physique qu'émotionnel.
Donc, quand l'un de ses humains ou toute la famille commence à « dévier du bon chemin », autrement dit à ne plus être dans l'équilibre et le bien-être, l'animal va prendre son rôle à cœur et mettre des actions en place.

Il a plein de possibilités à sa disposition, comme par exemple :

- Se mettre à aboyer, miauler

(ex : pour montrer à ses humains qu'ils doivent apprendre à mieux échanger)

- Faire ses besoins au mauvais endroit

(ex : pour montrer qu'il se sent mal au niveau du territoire physique ou affectif, comme envers le nouveau compagnon de son humain qui ne lui correspond pas)

- Devenir agressif

(ex : pour montrer que son humain n'écoute plus ses propres besoins)

- S'enfuir de la maison

(ex : pour réagir au déchirement de sa famille, comme lors de disputes ou d'une rupture)

...

Quand on se retrouve dans un cas de comportement inadapté, il est donc important de faire les choses par étapes. D'abord, il faut analyser le comportement : que fait-il ? À quel moment, dans quelle situation ? Envers qui ?

Que faire une fois qu'on a analysé tout ça ? Tentez de vous mettre à sa place : quel intérêt a-t-il à faire ça ? Qu'est-ce que ça lui apporte, particulièrement par rapport à la manière dont vous même réagissez derrière ?

De votre côté, comment est-ce que tout ça résonne en vous ? Comment est-ce que ça vous parle par rapport à votre propre comportement, votre manière d'être et d'agir ? Vous devriez y trouver des relations parlantes.

Une fois que toutes ces étapes ont été éclaircies, vous avez de nouvelles cartes en main. Utilisez les pour mettre des choses constructives en place :

- Si votre animal met la lumière sur la mauvaise communication entre les membres de votre famille, établissez tous un meilleur dialogue, dans le respect et l'amour.
- Si quelque chose dans l'habitation n'est pas bon pour vous et votre animal, changez-le. Pensez à déménager si c'est l'habitation elle-même qui pose problème, dans le cas de mauvaises vibrations par exemple. Ou faites appel à un professionnel pour la nettoyer de ces mauvaises ondes.
- Si c'est votre travail qui pose problème, remettez-le en question, posez vous la question de savoir ce qui vous rendrait vraiment heureux.

Et ainsi de suite…

Quand tout ça est mis en place et que vous vous sentez mieux, observez votre animal : il y a beaucoup de chances que son comportement se soit amélioré et apaisé.

L'effet miroir et la santé

Pour ce qui est de l'effet miroir au niveau de la santé, le cheminement est le même, à la différence que cette fois tout se passe au niveau médical et physique. Il faut savoir que les choses vont en général se faire par degrés. L'animal va commencer par des réactions bénignes, puis, tant qu'on ne comprend pas et ne réagit pas, alors l'état de santé risque de s'aggraver et de se propager, pour qu'on soit bien en fin de compte obligé de le remarquer.

Pourquoi est-ce que l'animal passe des messages par la santé ?

Un point primordial à connaître est que la santé passe par l'équilibre émotionnel. Pensez aux chakras, ces centres énergétiques qui tournent

rond tant qu'on est bien dans sa tête et son corps. Dès qu'on a un dérèglement émotionnel en réaction à un événement vécu comme négatif, alors le chakra concerné par cette émotion va se refermer et moins bien marcher. Il faut alors se remettre à travailler sur de belles émotions et sur un détachement pour retrouver un bien-être. Ce sont les émotions qui s'expriment à travers le corps. Quand quelque chose ne va pas, c'est la partie du corps reliée à l'émotion touchée qui va réagir. Le poumon en cas de tristesse, le foie en cas de colère…
Ainsi, quand l'animal veut faire passer un message, une émotion, alors ça va s'exprimer par le corps. Et bien sûr par le sien, puisque c'est lui qui a le rôle de gardien. Parfois, l'animal et son humain vont développer la même affection, et parfois chacun aura les siennes propres. Mais l'état de santé de l'animal aura toujours quelque chose à dire en rapport avec son humain. Rappelez-vous du tout début de l'histoire d'une adoption : ce sont deux âmes qui ont des chemins en commun qui vont se connecter. Donc la maladie que l'animal va développer, c'est à la fois pour prévenir son humain que quelque chose ne va pas dans sa vie et dans sa manière d'être, et également parce que lui, l'animal, a ça à vivre. Les animaux ont aussi de leur côté des épreuves à passer et à gagner. C'est le jeu de la vie.

Quand votre animal tombe malade, après l'avoir mené chez le vétérinaire, il vous faut décrypter au niveau énergétique cet événement, tout comme le comportement. À quelle émotion correspond la partie du corps touchée, à quoi correspond cette maladie en décodage biologique, quand est-ce que cela a commencé ? Il est très important de faire le lien entre le moment où ça commence et ce qui se passe dans la vie de la famille à ce moment-là. Car c'est là le drapeau. À chaque maladie correspond un événement dans la vie envers lequel le corps réagit.

Une fois que vous avez mis le doigts dessus, il vous faut alors mettre les bons changements en place dans votre vie et celle de votre animal pour que tout se remette en place progressivement.

Voilà pourquoi nos animaux ne rentrent pas dans nos vies par hasard. Ils ont beaucoup de choses à partager avec nous, autant le positif que le négatif, et n'hésitent pas à y mettre tout leur cœur et toute leur âme. Ils sont là pour nous montrer qui nous sommes. Ils sont comme un miroir en face de nous qui nous montre nos faiblesses pour nous aider à les transformer en force. Ils réagissent en fonction de nous, soit de la même manière, soit de manière contraire, pour mettre en lumière ce qu'on doit prendre en considération. Ils sont liés de manière extrêmement forte et profonde avec nous, sans aucun regret ou doute. Ils ne connaissent pas la demi-mesure, mais uniquement le partage total et la confiance aveugle.

Il est parfois difficile de comprendre leurs messages, d'accepter que ça puisse venir de nous, particulièrement dans les moments durs, et pourtant la seule manière de rendre tout le monde heureux et de les écouter est de suivre leur enseignement. Sous bien des points, ils sont plus sages que nous.

4 LA MISSION

Les animaux auraient donc une mission en plus de leur rôle de gardien ? Oui. Comme on vient de le voir, ils ne sont pas avec nous par hasard. Si vous avez choisi ce chien, ce chat, ce furet… c'est parce qu'il vous a «appelé». Pourquoi ? Parce que vous avez des choses à vivre ensemble, à partager les uns avec les autres, à apprendre de l'autre.

Tout le monde à une mission sur Terre, au niveau personnel, et en rapport avec certaines autres âmes. On évolue soi-même tout en aidant les autres à apprendre aussi au travers de notre relation avec eux. Chaque animal a donc sa propre mission de vie, et une autre liée aux humains de sa vie. Les types de missions sont aussi variés qu'il y a d'individus sur Terre. Sa mission peut être de vous aider à vous ouvrir, à rire, à communiquer, à oser, à être plus fort, à vous faire plus confiance, à ouvrir les yeux, à être plus patient...à être plus heureux tout simplement !

Chaque animal va être en mission avec une personne en particulier dans la famille. Ça peut parfois changer au bout d'un moment, quand la mission est achevée, ou quand une autre personne a plus besoin de lui à ses côtés. Quand un animal change de foyer, pour quelque raison que ce soit - un décès, un abandon, une fuite…- c'est que sa mission avec cette personne est arrivée à son terme, et qu'il a quelqu'un d'autre à aider. Toutes ces idées peuvent nous paraître floues ou improbables, mais l'important est que l'animal lui, sait ce qu'il fait. Faites-lui confiance.

5 LE RÔLE DES ANIMAUX SUR TERRE

De la même manière que chaque animal a une mission envers son humain, le genre animal dans son ensemble a bien évidemment un rôle prépondérant à jouer sur la planète. Ce n'est pas un hasard si ils ont toujours guidé les chamans et sont si présents dans la croyance chamanique, si les peuples antiques prêtaient des traits et des caractères animaliers à leurs innombrables dieux, si les fables et les histoires ont toujours tourné autour du peuple animal pour nous inculquer des leçons. Les animaux, au même titre que les végétaux, sont les gardiens de la Terre. Toujours connectés et ancrés, ils sont la base saine et solide sur laquelle nous marchons depuis des millénaires. La société humaine est en constante ébullition et évolution, pendant que les animaux lui offrent son pendant par leur stabilité et une sagesse ancestrale sur laquelle se reposer.

Les populations animales sont le reflet de la santé de la planète. Il suffit de se référer à leur nombre, à leur état de santé, à leur changement de comportement pour savoir si leur environnement, qui est aussi le nôtre, est en train de subir des évolutions négatives. À notre charge ensuite d'en tirer les conclusions, de remonter à la source et de prendre des mesures.

Les signes sont là, sous nos yeux à tous, pour être vus et interprétés. Les animaux ne nous cachent rien et ont même tout intérêt à tout nous dire. La planète qu'ils gardent est celle de tout ce qui y vit. Ils nous montrent par leur manière d'être comment rester proche de la nature et comment la protéger pour en tirer les choses les plus bénéfiques. Car la planète a tout à nous offrir, elle veut notre bien-être en tant que peuples vivants, et a besoin pour ça que l'équilibre soit protégé. À nous de faire en sorte qu'il le soit en nous reposant sur la sagesse animale, qui est là pour nous guider.

6 LE CODE DE CONDUITE

La communication animale est un don, dans le premier sens du terme. C'est un cadeau que nous offre la nature pour communiquer avec elle. Si vous lisez ce livre, c'est que vous êtes clairement conscient de la beauté de pouvoir avoir un dialogue direct avec un animal, après avoir grandi dans une société qui s'empêche de croire à toute forme de rêve. Quand on aime les animaux, on veut avoir la possibilité d'être aussi proche d'eux que d'une personne. Seulement une telle possibilité emmène aussi avec elle une certaine responsabilité, et comme dans toute chose, il faut s'appliquer à respecter une certaine éthique. Une relation saine est faite de respect et de limites. Pensez à suivre ces quelques recommandations pour toujours rester dans une pratique saine et respectueuse, et n'hésitez pas à rajouter vos propres codes de conduite au fur et à mesure de vos expériences.

Être honnête avec soi-même dans sa pratique : Demandez-vous pourquoi vous tenez à faire de la communication animale. Si c'est pour vous reconnecter à l'essentiel, pour mieux connaître les animaux, pour pouvoir les aider de manière profonde, alors c'est parfait. Ne vous laissez pas piéger par l'envie d'acquérir une certaine « puissance », ou d'être meilleur que quelqu'un d'autre. Faites-le parce que ça résonne en vous, et allez à votre rythme. Écoutez-vous, vraiment.

Toujours avoir l'autorisation de la personne ET de l'animal avant de faire une communication animale : La télépathie est extrêmement intrusive, elle pénètre dans l'intime et perce les secrets. Il est évident totalement exclu de l'utiliser sans le consentement de chacun, ça doit être une évidence pour vous.

Toujours respecter la dignité et les volontés de l'animal. On ne va pas contre sa volonté, on ne cherche pas à lui nuire ou à faire quelque chose qu'il ne nous a pas demandé. Et cela peut aller à l'encontre des idées de son humain, qui peut vouloir quelque chose de précis que l'animal lui ne veut pas. Ne pas céder et toujours rester dans le juste. Faites preuve de discernement.

Ne pas partager les informations parfois confidentielles que l'on recueille sur les humains. La télépathie n'a pas de limite à proprement parler, il faut donc se les fixer soi-même et ne pas divulguer à un tiers ce qu'on apprend d'une personne. C'est une forme de secret professionnel.

Rester sain de corps et d'esprit. La pratique de la communication animale vous emmènera sur le chemin de l'évolution spirituelle, si vous le souhaitez. Pour évoluer énergétiquement, il est très important de se respecter, et de prendre soin de son corps et de son esprit, car les deux sont nos outils de travail spirituel. Pour améliorer sa vibration et devenir de plus en plus efficace en communication intuitive, il faut impérativement avoir une bonne hygiène de vie et des pensées saines. Ne vous perdez pas dans l'égo, dans la colère, la désespération et la recherche d'apaisement dans tout ce qui apporte un réconfort immédiat mais qui est mauvais pour le corps.

Si vous respectez un code de conduite sain, et que vous recherchez quelque chose de plus grand, alors au fil de la pratique, c'est certain, vous ne serez plus le même. Dans quelques mois, dans un an, dans plusieurs années, vous vous retournerez sur vos débuts en communication animale et verrez l'immense chemin parcouru, à la fois dans votre pratique, et aussi dans votre vie. Marcher sur le chemin de votre propre spiritualité va vous apporter bien plus que ce que vous pouvez concevoir aujourd'hui. Vouloir évoluer et développer votre intuition vous mettra sur la voie de l'évidence et vous ouvrira les portes que vous gardez fermées pour l'instant. Vous allez pouvoir peu à peu découvrir d'autres formes de pratiques énergétiques et vous y former, vous rendre compte que vous avez des capacités jusque-là insoupçonnées, améliorer votre manière de vivre et de concevoir le monde.

Il suffit de se tenir à une certaine rigueur et d'avoir la volonté de se dépasser. En suivant les exercices de ce livre, vous aurez les bases non seulement pour débuter puis vous perfectionner en communication intuitive, mais vous apprendrez aussi à trouver, au fil du temps, votre propre vérité personnelle. Votre propre voix intérieure sera aussi belle à entendre que celle des animaux.

II SE METTRE EN CONDITION ET DÉBUTER LA PRATIQUE

Message de La Lune :

« Je vous surveille. Un œil clos, un œil ouvert. Je vous baigne de ma lumière innocente. Quand vous me regardez, vous ressentez mon amour. Je suis calme, pleine, souple, généreuse. Profitez de mes rayons et nourrissez-vous. »

Même si la communication intuitive est vieille comme le monde et qu'on l'utilise finalement sans même s'en rendre compte, le travail qui s'articule autour de toute pratique spirituelle n'est ni évident, ni même fait par la plupart des personnes. La civilisation humaine, en se développant, a laissé au fil du temps certaines choses sur le bord de la route, pensant qu'elles étaient devenues obsolètes, inutiles ou même irrationnelles. L'intuition a fait partie du lot des encombrants. Par manque d'avoir encore été prouvée scientifiquement, son existence reste dans le domaine de l'imagination, parfois même de la magie ou de la sorcellerie, selon comment elle est utilisée ou perçue. Pourtant, personne ne peut nier les évidences troublantes qu'elle peut nous apporter à chacun à de multiples reprises au cours de nos vies. L'intuition, on ne la contrôle pas, elle est toujours là, dans nos tripes pour nous dire ce qu'on désire le plus et ce qu'on déteste, dans nos rêves pour nous montrer nos possibilités ou encore dans nos pensées pour nous donner des pistes et des idées. Elle dirige nos vies en arrière-plan, souvent dans l'anonymat le plus complet et toujours pour notre plus grand bénéfice. C'est notre meilleure alliée, la voix de la raison même si elle paraît plus souvent irrationnelle que logique. Toute l'idée de commencer à travailler sur nos énergies et notre spiritualité est de venir affûter ce sixième sens et de comprendre tout le pouvoir et les possibilités qui se cachent derrière. En développant notre intuition pas à pas, elle doit s'ouvrir en même temps et se rendre plus facilement disponible et atteignable.

C'est d'elle que tout part. Elle est le messager de notre conscience, l'intermédiaire avec notre âme. Dès que nous avons besoin de connaître quelque chose, d'avoir une explication ou une aide, il faut avoir recours à notre intuition et savoir l'écouter. Pour l'écouter, il faut apprendre à la recevoir. Ou plutôt réapprendre. C'est une habitude qu'on a tous tendance à perdre au cours de notre croissance, à mesure qu'on devient adultes et « forcés » de rentrer dans le moule et de penser de manière manichéenne. Tant qu'on est enfant, on entend la voix de notre conscience, on voit nos amis « imaginaires », on sait de manière évidente ce qu'on veut ou ne veut pas, on adore les animaux et être en leur compagnie est un bonheur immense. Puis la société, certaines familles, nous expliquent que la réalité n'est faite que de ce qu'on peut voir. Pas de chance pour l'énergie et l'intuition qui prennent un coup dans l'aile. À chacun de nous alors de décider de revenir à nos intuitions premières, à nos évidences d'enfants. Et bien sûr, tout le monde est capable de se reconnecter à son intuition, même s'il part de loin. Nous sommes tous fabriqués de la même manière et de la même matière. Il n'y a aucune exception.

Donc à la question « est-ce que tout le monde est capable d'apprendre la communication animale ? », la réponse est un grand oui ! Ce n'est pas un don qui va toucher certaines personnes chanceuses, mais bien une capacité enfouie en chacun de nous à développer, en utilisant les bonnes techniques et en travaillant assidûment.
Avant d'apprendre à faire votre première communication animale, je vais vous proposer des exercices essentiels à faire tous les jours et avant chaque communication. Vous devez prendre l'habitude d'utiliser les meilleurs outils pour affiner votre connexion et avec elle votre intuition, et de les utiliser le plus souvent possible. Sans travail, il n'y a pas de résultat. Au début d'une nouvelle pratique, tout nous paraît toujours inaccessible et très long à arriver, et pourtant, au bout de quelques temps, en se retournant, on voit qu'on a en réalité avancé de plusieurs pas. Ne vous découragez pas si les résultats ne sont pas aussi rapides qu'espérés, et continuez à pratiquer les exercices qui sont là pour vous aider au niveau le plus profond.

Apprenez à porter un regard à la fois intérieur et extérieur. Ce n'est pas aussi antinomique qu'il n'y paraît. Sentir comment on reçoit et réagit permet de s'ajuster aux stimuli extérieurs. L'une des idées maîtresses de la connexion au monde est de passer par la reconnexion à sa vérité personnelle. Pour pouvoir se connecter aux animaux, il faut d'abord se connecter à son propre noyau. Pour créer une réalité dans le monde visible et extérieur, vous devez la faire germer à l'intérieur de vous pour qu'elle y prenne racine et y fleurisse. Si vous avez un projet, prenez l'habitude de le concrétiser d'abord dans votre esprit, faites le vôtre, croyez-y fermement. Posez votre demande chaque matin et affirmez-la chaque soir. La force de la conviction est le premier pas sur le chemin de l'ambition. Plus une idée est ancrée dans notre esprit, plus elle prend forme rapidement et sûrement dans la réalité. Prendre littéralement ses rêves pour une réalité est non seulement possible, mais même conseillé. Et d'ailleurs, cela s'applique dans n'importe quel domaine de nos vies. Vous en avez déjà fait l'expérience, quand vous vouliez avec fermeté et certitude qu'une certaine chose vous arrive, elle s'est alors produite. C'est à croire que parfois on est capable de ressentir l'avenir, et ainsi de le provoquer, pour que ce qu'on a ressenti comme une évidence devienne réalité.

En vous concentrant régulièrement dans la journée sur une même idée, vous concentrerez la lumière sur un même but et votre cerveau aura un but précis à suivre et à atteindre. Partir d'une idée simple pour arriver à un résultat plus large, étape par étape. C'est l'idée qui prime, qui dirige, montre vers où aller. Poser les bases et s'y tenir est une des règles à suivre.

Le cerveau a besoin de répétition pour intégrer un nouveau schéma et changer une habitude. Vouloir quelque chose ne la fera pas apparaître comme par magie, il faut aller la chercher. Pour se transformer intérieurement, il faut remplir le vide que l'on veut laisser par le plein que l'on veut à présent, en pratiquant régulièrement pour l'inscrire dans la durée. Pratiquer une même routine tous les jours pendant minimum trois semaines serait un exercice nécessaire pour changer les vieilles habitudes non désirées et en intégrer de nouvelles.

Alors sur quoi agir et par quoi commencer ?

Vous partez avec un projet précis, celui d'apprendre la communication animale.
Dressez la liste de tout ce que vous souhaitez atteindre à l'issue de ce nouvel apprentissage, de ce que vous voulez améliorer chez vous au niveau spirituel. Notez de quoi il s'agit, point par point. Peu importe la longueur de la liste, vous pouvez très bien la réduire ensuite au minimum, au plus important, ou bien la continuer jour après jour, quand des idées vous reviennent.

Quelques exemples :
- *Je veux être plus créatif*
- *Je veux me reconnecter à mon intuition*
- *Je veux développer mes capacités en télépathie*
- *Je veux apprendre la communication animale*
- *Je veux avoir plus confiance en moi*
- *Je veux être plus à l'écoute de mes ressentis*
...

Une fois que cette liste est établie, vous pouvez la ranger par ordre d'importance, en mettant ce que vous voulez le plus changer en premier, ce qui vous semble le plus essentiel. Changez ensuite ces phrases simples en des affirmations ressemblant à une vérité vécue. Vouloir quelque chose, c'est penser en termes futur, donc dans

l'incertitude. Si vous affirmez que vous êtes déjà ce que vous voulez devenir, votre cerveau en serra de plus en plus convaincu et œuvra dans ce sens.
Je veux être plus créatif devient alors « je suis créatif » ou « je suis plus créatif de jour en jour ».

Pour l'appliquer, fixez-vous un calendrier de 21 jours, et appliquez-vous chaque matin, midi et soir à répéter cette affirmation. Vous pouvez soit l'écrire, une dizaine de fois à la suite, soit la réciter dans votre tête ou à voix haute, ou encore en chantant. Laissez-vous porter par cet exercice pour que ce soit un plaisir et non une obligation que vous ne comprenez pas intérieurement.

2 ENTRAÎNER SON INTUITION

L'intuition est notre sixième sens, donc comme les autres (l'odorat, l'ouïe etc.) il est toujours en mode « ON », que ce soit en premier plan ou en sourdine, mais toujours disponible et en marche. Quand on écoute quelqu'un qui nous parle, ou qu'on sent la chaleur de notre animal sous ses poils, personne ne se pose la question de savoir comment ça marche, et surtout ne réalise le fait qu'énormément de réactions chimiques sont en jeu. On se contente du résultat, qui est la sensation et l'information reçue. Dans le cas de l'intuition, c'est la même chose. Il nous arrive bien souvent d'avoir des idées venues de nulle part, des ressentis sur une personne sans même la connaître, des envies très ancrées de faire certaines choses sans aucune raison ou au contraire, l'envie de fuir certains lieux ou certaines activités par simple ressenti négatif. Ressentir des choses sans savoir comment ni pour quelle raison et pourtant s'y fier est le principe de l'intuition. Elle nous guide sans arrêt, nous inspire, nous retient, nous parle. Il est important de prendre conscience de son existence et de toutes les possibilités qu'elle offre, et de lui donner les moyens de d'exprimer. Tant qu'on vit sans réaliser notre potentiel, l'intuition est présente, mais seulement en veilleuse, alors quel intérêt de dormir sur un sac de pièces d'or ? Donnez de l'importance à votre sixième sens et fortifiez-le, comme un Nez professionnel qui porte son odorat à son summum, comme un artisan qui met tout dans ses mains, accordez toute votre confiance à votre intuition et donnez-lui les moyens de votre ambition. Entraînez-la ! N'oubliez pas qu'avant de savoir faire du vélo, il vous a fallu tomber plusieurs fois, vous faire mal, vous faire peur, hésiter, ne pas oser vous lancer. Et pourtant, une fois cette capacité acquise, elle vous semble d'une simplicité évidente, à tel point que même sans en avoir fait depuis longtemps, une fois de nouveau assis sur la selle, tout vous revient instinctivement. Donc, oui, le chemin sera long pour affirmer votre intuition, d'autant plus si vous êtes débutant, ça ne se fera effectivement pas du jour au lendemain. À vos débuts, vous aurez peut-être du mal à avoir des résultats probants, à vous faire suffisamment confiance pour déceler les signes ou à faire taire votre mental. Arriver à reconnaître l'intuition est quelque chose qui s'apprend avec de l'entraînement. Le plus dur quand on commence est d'arriver à croire qu'on est capable, et que c'est réellement en train de nous arriver. On a tous trop tendance à se dire que c'est du hasard ou simplement notre imagination. Donnez-vous du temps et ne vous laissez pas démoraliser à la première embûche. Vous aurez souvent l'impression que ce que vous entendrez ne sera que vos pensées en arrière-plan, qui vous disent des choses logiques, parce que c'est leur rôle. Quand vous aurez des informations sur un animal qui seront évidentes, vous vous direz que ce n'est pas de la télépathie, mais uniquement de la logique. Si un chat vous dit qu'il aime le poulet, ce n'est pas une info que vous avez pu recevoir par télépathie, car c'est un goût que la plupart des chats partagent. Evidemment, si vous vous arrêtez à ça, vous aurez la sensation de ne rien recevoir de spécial. Forcez-vous à toujours aller plus loin et à aller chercher l'info qui vous donnera la preuve recherchée.

Bien sûr, la plupart des chats aiment le poulet. Mais ça ne veut pas dire que cette info ne vient que de votre logique. Ce chat vous a donné une info sur lui, vous l'avez de votre côté reçue par télépathie. N'en doutez pas. Et continuez à creuser. Plus vous lui poserez de questions et plus vous l'écouterez vous parler, plus vous aurez de détails sur sa vie, ses habitudes et ses goûts. Il ne vous restera plus qu'à demander à son humain s'il a ou non un jouet en peluche rose, s'il vit avec un âne gris ou s'il a une gamelle rouge qui est posée sur du parquet. Si la réponse est oui, vous pourrez être fier de vous, vous aurez « deviné » une information impossible à trouver sans être allé chez ce chat. Et tout ça à partir d'une photo. Si vous vous étiez arrêté au seul fait qu'il aime le poulet, même si c'est vrai, alors effectivement vous auriez pu être frustré de votre communication. Cherchez à toujours aller plus loin dans votre pratique. Ne vous laissez pas diminuer par un échec ou par la comparaison avec un communicateur plus avancé que vous. Je vous conseillerai plus tard dans le livre de vous entraîner à plusieurs. C'est très bon pour s'échanger les infos reçues et les comparer, et pour se motiver par la force du groupe. Par contre, si vous êtes sensible et peu sûr de vous, il pourra arriver des moments où vous vous sentirez en retard par rapport aux autres, ou pas du tout à la hauteur. Travaillez votre confiance en vous et gardez le cap. Sachez que seuls ceux qui s'entraînent régulièrement et continuent leur pratique au long des années sont assurés de développer de manière efficace et certaine leur intuition. On peut très bien commencer fort, avoir une bonne base dès le départ et s'endormir sur ses capacités, ou encore finir par se lasser et carrément arrêter. Évidemment, vous vous en doutez, dans ces cas-là, aucun espoir de devenir un bon communicateur. Si vous vous fixez un objectif, dans un coin de votre tête, ou sur un papier conservé précieusement, et que vous l'utilisez comme un phare dans la nuit pour guider vos progrès, alors ce ne sera qu'une question de temps. Qui sera différent pour chacun de vous. Ne vous dites pas que vous serez communicateur animalier dès le mois prochain. Développer ses

capacités extra sensorielles prend un certain temps, celui qui est nécessaire et adapté pour chacun. Pas de précipitation, pas de stress, allez à votre rythme, respectez-vous.
L'intuition s'affine et se renforce au rythme des entraînements et il existe une infinité d'exercices simples pour commencer à se familiariser avec elle.
Je vous en propose quelques-uns à travailler au gré de vos envies, à faire seul ou à plusieurs :

SEUL

Deviner ce que la personne en face va dire
Durant un échange avec quelqu'un, ou même face à la télévision, essayez de deviner ses prochains mots. Laissez venir à vous un mot en pensée, et attendez qu'il arrive dans la conversation.

Deviner des cartes retournées
Prenez n'importe quel jeu de cartes, simple ou oracle, et étalez les cartes devant vous, face cachée. Posez le doigt sur l'une d'elle et laissez venir dans votre esprit l'image de sa face avant telle que vous l'imaginez. Puis retournez la et voyez le résultat. Vous pouvez le faire par ordre de difficulté. Commencez par sélectionner cinq cartes que vous mémorisez puis retournez les et mélangez les. Vous aurez plus de chances de trouver la bonne réponse. Puis, au fur et à mesure de vos réussites, augmentez la difficulté en rajoutant des cartes.

Deviner une personne avant de la voir
Installez vous dans un parc ou sur un banc dans une rue avec un peu de passage. Choisissez le coin de la rue ou un arbre qui vous cache la vue et tentez de deviner le physique de la prochaine personne à apparaître de derrière cet obstacle. Homme /femme, enfant/adulte, habillé de bleu/ noir, portant une écharpe ou des talons, les cheveux

longs ou courts… Essayez pour commencer de vous concentrer sur un seul élément pour faciliter les choses.

Deviner l'expéditeur d'un message

Quand votre téléphone sonne ou vous envoie une notification, ne regardez pas l'écran tout de suite. Donnez-vous quelques secondes pour essayer de deviner qui est cette personne qui vous appelle ou vous envoie un message.

Deviner un événement de la journée

Le matin, essayez de faire venir à vous une information de ce qui pourrait vous arriver dans la journée. Même si ça vous semble improbable. Ça peut être la rencontre d'une personne en particulier, une bonne ou une mauvaise nouvelle (en sachant ou pas de quoi il peut s'agir), un gain d'argent, même minime… Et si quelque chose s'en rapprochant vous arrive, alors félicitez-vous. C'est un exercice que vous pouvez faire tous les jours et vous verrez vos progrès au fil du temps.

Deviner l'heure exacte

Ce n'est peut-être pas l'exercice le plus difficile, car grâce à notre horloge interne, et à la luminosité extérieure, on sait toujours à peu près quelle heure de la journée il est. Ce qui peut pimenter l'exercice, c'est de deviner évidemment l'heure exacte à la minute près. Faites ça plusieurs fois dans la journée. Et s'il vous arrive souvent de tomber sur une heure miroir (07h07, 09h09, 13h13…) prenez ça comme un signe que vous êtes sur la bonne voie et continuez bien les exercices.

A PLUSIEURS

S'envoyer des images ou des nombres

Faites cet exercice à deux. Votre compagnon pense à un objet et se concentre très fort sur ça en vous l'envoyant en pensée, soit en image

soit en mot. Sur une feuille blanche, impressionnez-le par vos capacités de dessinateur en tentant de dessiner l'objet auquel vous pensez.
Puis, en inversant, envoyez lui en pensée un nombre cette fois. Votre ami doit être capable de trouver duquel il s'agit.
Notez les points et refaites cet exercice plusieurs fois. Rien ne vous empêche de faire ce jeu à distance, par message interposé, comme ça vous pouvez pratiquer dès que vous le voulez. Il n'y a pas de limites de temps et d'espace en télépathie.

Deviner des infos sur un autre animal

Jouez avec l'animal d'un ami à vous. Tentez de deviner son plat favori ou l'endroit où il préfère dormir. À votre ami alors de confirmer ou infirmer vos résultats.

S'envoyer des émotions

Vous pouvez faire cet exercice à deux ou en petit groupe. L'un de vous se concentre pour faire ressentir - sans le montrer sur son visage - une émotion en particulier : la colère, la joie, la peur, la faim, le dégoût...Il faut bien le ressentir soi-même sans le montrer extérieurement. Le reste du groupe doit deviner cette émotion, et si quelqu'un la ressent directement dans son corps, alors bravo !

3 LA RESPIRATION

La respiration est la base de tout. C'est la première chose qu'on fait quand on vient au monde, et la première ressource vitale du corps qui vient à manquer, avant le manque d'eau ou de nourriture. Quelques minutes sans respirer et c'est la mort. Elle est si vitale que la nature l'a rendue automatique, afin qu'elle soit toujours en marche, sans qu'on ait à y penser. Les bienfaits d'une bonne respiration sont légion : le sang est mieux irrigué en oxygène et avec lui toutes les cellules qu'il nourrit, la tension artérielle et les risques cardiovasculaires sont réduits, la fatigue est diminuée, la fréquence cardiaque est ralentie, la digestion est améliorée, le stress est réduit, les tensions corporelles et dorsales sont atténuées. Malheureusement les adultes ont pour la plupart perdu la manière naturelle de respirer qu'on pratique tant qu'on est bébé et enfant. C'est à dire par l'abdomen. Ensuite, les mauvaises habitudes et le stress nous poussent à remonter le souffle, à le coincer au niveau des côtes ou plus haut encore, dans la poitrine, ce qui nous donne un souffle court constant. Les poumons de cette manière ne sont jamais totalement vidés ni remplis, bien ventilés et l'air n'est pas renouvelé à chaque respiration. On ne s'en rend même pas compte évidemment puisque respirer est la chose la plus automatique qu'on puisse faire et donc on ne lui accorde aucune pensée consciente. Et tout ça donne des adultes qui respirent mal, ventilent mal leur corps, ont un sang moins bien irrigué et un air toujours plus ou moins vicié coincé dans les poumons.

Voilà comment travailler le souffle à travers la respiration complète, pour obtenir le meilleur de vos poumons :

Pour commencer à travailler et à comprendre le travail du souffle, je vous conseille de commencer allongé, ce qui permet de mieux ressentir le trajet du souffle. Quand vous aurez pratiqué plusieurs fois, vous pourrez si vous préférez passer à la pose assise en tailleur ou sur une chaise, toujours en gardant le dos droit.

Installez-vous sur le dos, confortablement, sur votre lit ou sur un tapis de yoga déposé au sol. Relâchez tous vos muscles, laissez vos bras et jambes se déposer au sol naturellement et gardez la tête dans l'alignement de la colonne vertébrale. Commencez par expirer tout doucement par un filet d'air sortant de la bouche entrouverte. Allez-y progressivement et en trois étapes. D'abord, l'abdomen doit se vider, jusqu'à ce que le ventre soit rentré et creux.

Puis, videz l'air au niveau des côtes. Aidez-vous de vos mains que vous posez légèrement sur le côté des côtes. Vous devez les sentir s'affaisser, se rétracter vers l'intérieur. À la dernière étape, videz ce qu'il reste d'air au niveau de la poitrine et des clavicules. Les poumons vidés, bloquez et restez en suspens pendant deux secondes.
Inspirez dans la même lenteur, vous ne devez pas entendre le son de votre inspiration. Si c'est le cas, c'est que vous inspirez trop vite. Pour bien inspirer après avoir totalement vidé ses poumons, il faut faire le chemin inverse de la même manière. Cette fois inspirez par le nez, et laissez l'air aller jusqu'au bas du ventre. Vous allez sentir votre abdomen se gonfler progressivement. N'allez pas jusqu'à le gonfler comme un ballon. Envoyez ensuite le souffle entre les côtes, qui doivent cette fois s'écarter l'une de l'autre et prendre de l'ampleur. Finissez votre inspiration au niveau de la poitrine. Une fois l'inspiration terminée, retenez l'air durant deux secondes. Et recommencez en expirant doucement.
Il est important de choisir un rythme où l'expiration est plus longue que l'inspiration. Vous pouvez facilement vous aider en comptant les secondes. Comptez de 1 à 6 pour l'expiration, puis bloquez la respiration 2 secondes. Ensuite de 1 à 3 pour l'inspiration 1, gonflez le ventre, 2 les côtes et 3 la poitrine. Et bloquez pendant 2 secondes.

Refaites cet exercice au moins trois fois avant chaque méditation, chaque communication.
C'est un exercice que vous pouvez pratiquer en « urgence » dans les moments où vous vous sentez mal, en colère, triste, énervé, sous le coup du stress… Le travail du souffle est la base pour retrouver le calme et l'équilibre. Vous pouvez très bien le pratiquer partout où vous êtes, que vous soyez assis ou debout, seul ou entouré. Au bout de quelques respirations, vous vous sentirez rapidement plus calme et à votre aise. C'est très efficace.

Essayez de vous fixer une routine journalière, en faisant cet exercice au moins trois fois par jour, durant une dizaine de respirations. Le matin avant de vous lever de votre lit, même avant d'ouvrir les yeux si vous voulez, ce qui vous aidera à vous réveiller. Puis à midi, et enfin le soir. L'idéal est de le faire absolument chaque jour. C'est un exercice qui améliore l'activité cardiaque et la richesse du sang, qui calme les émotions, et qui permet de reconnecter efficacement corps et esprit. C'est en quelque sorte la pièce maîtresse. Sans un souffle équilibré, vous serez littéralement à court de souffle, et de la même manière que ça empêche le corps de courir, ça entrave aussi les mouvements de la conscience. Je ne saurais donc trop insister sur l'importance du souffle dans le travail énergétique.

4 LES CHAKRAS

Après avoir travaillé à relaxer le corps, on va apprendre à relaxer et nettoyer les centres énergétiques qui sont le lien entre le corps et la conscience. Les chakras sont des ouvertures invisibles qui sont présentes partout sur notre corps, et se rassemblent en 7 centres principaux, situés le long de la colonne vertébrale, de bas en haut. Ils servent de canaux permettant de faire circuler l'énergie dans notre corps. Tant que nous sommes dans de bonnes dispositions physiques et psychiques, ils tournent rond, de manière fluide et sont actifs et en relation les uns avec les autres. Par contre, dès qu'on subit un stress, qu'on se sent déprimé, sans ressources, ou qu'on se retrouve face à un quelconque blocage, les chakras concernés vont être destabilisés et ne pourront plus remplir leur rôle efficacement. Chacun d'eux est relié à une partie précise du corps et remplit une fonction précise.

1er chakra MULADHARA : Rouge, situé au niveau du coccyx, c'est le chakra de base ou racine. Il relie le corps directement à la terre et représente notre instinct de survie et notre stabilité. Il est en rapport avec la sécurité primaire, elle-même liée à la nourriture, l'argent et la peur.

2ème chakra SVADHISTHANA : Orange, situé au dessous du nombril, il est aussi appelé chakra sacré ou sacral car il est au niveau du sacrum. Il représente notre rapport aux plaisirs physiques et à la créativité.

3ème chakra MANIPURA : Jaune, c'est la zone du plexus solaire. On l'appelle aussi le chakra solaire. Il intervient dans la confiance en soi, l'estime de soi et le pouvoir personnel à travers la joie.

4ème chakra ANAHATA : Vert, c'est le chakra du cœur. Il est le centre de l'amour, de soi et des autres. Il apporte compassion et aide au pardon.

5ème chakra VISHUDDHA : Bleu clair, c'est le chakra de la gorge. Il est situé au niveau de la thyroïde. Il est en rapport à tout qui touche à la communication, à l'expression, à l'inspiration.

6ème chakra AJNA : Indigo, il s'agit du troisième œil. Il est situé entre les deux sourcils. C'est le siège de l'intuition et de la capacité à voir l'invisible.

7ème chakra SAHASRARA : Violet ou blanc, on l'appelle aussi le chakra couronne, c'est le dernier, situé sur le haut du crâne, au niveau de la fontanelle. Il fait le lien entre le corps et l'univers. Il est le chakra qui nous permet d'être un être spirituel et en bonne vibration énergétique.

Il est très important d'en prendre soin parce qu'ils participent au premier plan à l'équilibre énergétique de notre corps et à sa santé. Des chakras bien équilibrés apportent une bonne santé physique et un bon ancrage. Suivent alors une bonne connexion et une libération de l'intuition. Quand tout est sain et que la communication est fluide entre le corps et l'esprit, alors l'énergie peut circuler librement et sans blocage, et vous verrez vos capacités intuitives grandir et s'améliorer au fil du temps. Pratiquez cet exercice avec l'envie de retrouver une connexion saine et forte qui pourra vous apporter une finesse dans vos ressentis et vous servira à être de plus en plus fin dans vos communications intuitives.

Pour pratiquer les méditations proposées dans ce livre, vous pouvez vous aider de plusieurs manières :

- Soit en ayant quelqu'un à côté de vous qui vous la lira de manière lente,

- Soit en vous enregistrant vous-même sur votre téléphone et en vous écoutant dès que vous voulez pratiquer,

- Ou encore en lisant d'abord la méditation dans son ensemble et en la mémorisant. Au début, ça vous semblera peut-être un peu compliqué, mais une fois que vous aurez pratiqué cette méditation une ou deux fois, vous vous en souviendrez facilement. Évidemment, plus vous la pratiquerez, plus vous la ferez vôtre et n'aurez plus besoin du livre puisqu'elle sera inscrite dans votre mémoire et vous pourrez l'utiliser n'importe où. Et cette technique vous permet d'aller à votre propre rythme de visualisation et de réception.

Allongez-vous ou asseyez-vous droit sur une chaise, les pieds au sol. Respirez profondément et longuement, de manière consciente. Faites une dizaine d'inspirations-expirations. Visualisez la plante de vos pieds. Sentez la chaleur qui s'y concentre. Imaginez à présent qu'une lumière entre par vos pieds pour remonter doucement. Elle est de couleur rouge. Elle passe le long de vos mollets, par vos genoux, remonte le long des cuisses jusqu'à vos hanches. Imaginez qu'elle se concentre jusqu'à devenir une belle boule rouge au niveau de votre périnée. Sentez la vibrer et grandir. Puis la couleur devient orange et continue de monter jusqu'au nombril. Elle devient une boule vibrante et chaude de couleur orange. Elle repart, à présent jaune, et arrive au milieu du ventre, puis au plexus solaire. Elle redevient une boule, cette fois jaune. Elle change de couleur, devient verte et continue le long des côtes, jusqu'au cœur. Sentez votre cœur devenir gonflé de lumière et d'amour. Restez comme ça aussi longtemps que vous en ressentez le besoin. Puis faites repartir la lumière en la faisant devenir bleu clair et repartir jusqu'au cou. Elle vient se concentrer en boule dans la gorge. Elle devient indigo et monte jusqu'au milieu du visage. Entre les deux sourcils, elle forme une boule. Imaginez maintenant que la boule grandit jusqu'à dépasser la tête, puis à vous englober complètement. C'est votre intuition qui prend de l'expansion. Puis enfin, la lumière devient violette et monte jusqu'au sommet de crâne. Arrivée en haut, elle se teinte de blanc et continue de monter jusqu'au ciel. Imaginez qu'elle continue à travers l'espace.

Prenez une profonde respiration et ouvrez doucement les yeux.

5 L'ANCRAGE

« Être ancré » dans le langage énergétique veut dire être en état d'équilibre, relié de manière stable au sol. C'est aussi primordial qu'une bonne respiration pour atteindre la relaxation et le bien-être à la fois sur le plan physique et mental. Quand on est bien ancré, on est en liaison parfaite entre le sol sous nos pieds et le ciel au dessus de nos têtes. L'énergie alors passe et circule de manière fluide du ciel à la terre en passant par tous nos chakras. Un bon ancrage est donc en relation directe avec des chakras sains. Plus vous travaillerez sur tous les plans de votre être, plus les blocages se dissoudront petit à petit, d'un côté, puis de l'autre, puis d'un autre… Tout est en relation. Pour avoir une bonne connexion à son intuition, il faut passer par une préparation pour être dans de bonnes conditions et être réceptif au maximum de ses capacités. Vous ancrer est l'étape qui va vous stabiliser et vous poser. Vous aurez ensuite des pensées claires et posées sur lesquelles vous appuyer. Prenez toujours un soin particulier à vous ancrer car c'est votre accroche dans la vie, qui vous aidera peu à peu à trouver l'équilibre dans tous les domaines de votre vie quotidienne. Être accroché de manière stable au sol que vous foulez fera pousser vos racines et vous donnera la force et la puissance d'un chêne.

Être ancré est un état de fait pour les animaux et pour les enfants car c'est une chose naturelle qui se fait d'elle-même. Mais les adultes, du fait de leurs vies modernes de plus en plus déconnectées de la nature et de leur propre nature et besoins, sont constamment en déséquilibre ou du moins en équilibre précaire, passant de stress en stress qui déboulonnent toutes les fondations. Il faut alors réapprendre à trouver l'équilibre en se reconstruisant des bases solides sur lesquelles s'appuyer. Sinon, au moindre coup de vent, pouf, la chute est assurée de nouveau. On a tellement pris l'habitude d'être en état de stress et sur le fil que s'imaginer être tout le contraire nous semble une utopie.

Pourtant, pour arriver à s'ancrer, il y a mille et une façons à utiliser sans même y penser.

Pour s'assurer un bon ancrage, il faut se mettre dans de bonnes dispositions. Le corps est en harmonie avec l'esprit dès lors qu'on ressent un tant soit peu de bonheur. Donc comment y parvenir ? Tout simplement en provoquant son bien-être en faisant ce qu'on aime.

Pratiquez une activité que vous appréciez

Les activités artistiques sont particulièrement adéquates, car elles développent les sens et la confiance en soi. Faites ce que vous préférez, en club ou simplement chez vous : de la danse, du chant, de la peinture, sculpture…

Faites du jardinage, sortez avec vos amis, riez, faites tout ce qui peut vous aider à vous sentir bien et à vous dégager l'esprit du négatif.

Pratiquez une activité spirituelle

Le yoga, le tai-chi, la sophrologie, le reiki… sont des activités qui aident à se reconnecter à sa conscience en passant par le corps. Une connexion parfaite doit être établie entre le corps et l'esprit pour utiliser au mieux ses capacités extra sensorielles.

Reconnectez-vous à la terre

Partez en balade en forêt ou dans un parc une fois par jour, pour prendre l'air, ressentir l'énergie des arbres et vous déconnecter du bruit et du monde. Parlez aux arbres, observez les oiseaux, marchez pieds nus dans l'herbe… Il n'y a évidemment pas de meilleure connexion à la Terre que par la nature. C'est en plus une manière de s'ancrer qui se ressent réellement : en revenant de votre balade, vous vous sentirez requinqué et bien plus léger qu'en arrivant.

Méditez
Il y a une infinité de manière de méditer. Renseignez-vous et essayez diverses méthodes. Essayez de vous astreindre à méditer chaque jour, car c'est clairement un passage lumineux pour développer votre réception et vos perceptions. Commencez votre entraînement en faisant dix minutes par jour. Puis au fil des essais, vous pourriez vous rendre compte que votre séance aura duré une heure ! Pratiquez assis tranquillement en forêt en écoutant les bruits qui vous entourent et en sentant les odeurs de sous-bois. Soyez attentif à tout ce que vous pouvez percevoir. Vous pouvez tout aussi bien pratiquer les yeux fermés que mi-clos.

Si vous voulez pratiquer chez vous, assurez-vous d'être au calme et dans une pièce à la lumière tamisée, ni trop lumineuse, ni complètement dans le noir. Vous pouvez mettre une douce musique d'ambiance, faite pour la méditation, ou rester dans le silence. Tâchez de libérer votre esprit. Des pensées vont venir, les unes après les autres, c'est inévitable. Le cerveau est toujours en action. Le travail de la méditation est d'observer, sans juger et sans ressentir énervement ou stress. Quand des pensées arrivent, observez-les sans y penser, et faites les partir, en douceur, comme si vous étiez le vent et que vous souffliez sur des nuages. N'oubliez pas de faire le travail sur la respiration en même temps. Peu à peu, ça va devenir automatique. Vous devez finir votre séance en étant dans un état de calme intérieur et de relaxation physique. Les jours où il n'y a rien à faire, que vous n'arrivez pas à vous calmer, alors n'insistez pas et allez vous détendre autrement.

Voici une petite méditation pour apprendre à vous ancrer. Pratiquez la avant chaque séance de communication animale, et chaque fois que vous ressentez le besoin de vous apaiser.

Installez-vous confortablement, le dos droit. Respirez doucement par le ventre. Faites de longues inspirations, profondes. Concentrez-vous sur votre souffle, laissez passer les pensées sans y faire attention, en les faisant passer comme des nuages dans le ciel. Sentez votre souffle qui devient de plus en plus lent et profond. Faites l'exercice durant 5 minutes, ou plus longtemps si vous en ressentez le besoin. Vous devez à la fin vous sentir plus léger et détendu physiquement et mentalement. La différence est notable.

Commencez à visualiser votre corps. D'abord dans sa globalité. Sentez son poids, sa position, ses ressentis intérieurs et extérieurs. Imaginez que de vos pieds sortent des racines, et qu'elles descendent dans la terre. Elles grandissent de plus en plus, et descendent jusqu'au centre de la Terre. Là elles trouvent une grande boule de lumière et s'y accrochent. Faites remonter la lumière le long des racines jusqu'à vos pieds. La lumière passe dans vos orteils, vos chevilles, vos jambes...Prenez le temps d'imaginer que la lumière passe dans chacun des centimètres de votre corps, en remontant des pieds à la tête. A chaque endroit où elle passe, relâchez les muscles et les tensions et laissez la lourdeur attirer votre poids vers le sol. À la fin, vous devez vous sentir parfaitement détendu et relâché.

Prenez conscience de votre attache dans le sol à travers ces immenses racines qui vous nourrissent. Vous vous sentez comme un chêne centenaire, profondément lié et fixé à la terre. Profitez de cette sensation aussi longtemps que vous en avez besoin.

Quand vous vous sentez prêt, ouvrez doucement les yeux.

6 LES MANIÈRES DE COMMUNIQUER

Après vous être relaxé, nettoyé et ancré, vous êtes paré pour commencer votre entraînement à la communication animale. Ces étapes de préparation sont très importantes, et vous avez tout intérêt à les faire régulièrement et de manière sérieuse. Marcher sur le chemin de sa reconnexion spirituelle est un travail à vie. Pour bien entendre les animaux et surtout pour travailler de manière adéquate avec eux, il faut être volontaire, passionné, respectueux et équilibré. La communication animale n'est pas un jeu, mais un outil puissant et merveilleux au service de l'équilibre naturel, ou de ce qu'on peut appeler l'amour universel. Un bon état d'esprit et un respect de soi et des autres est primordial et vous mènera loin sur ce chemin. Si vous êtes certain d'être prêt, d'avoir bien travaillé les exercices de préparation, alors il est temps pour vous de vous lancer.

Comme dans toute technique de communication, il y a plusieurs manières de s'y prendre. La télépathie - ou la communication invisible - offre une multitude de possibilités et de chemins pour nous permettre à tous de dialoguer sans tenir compte des barrières de la langue, de la distance ou encore de l'espèce. Tout être vivant peut parler avec n'importe quel autre être vivant, à travers le temps et l'espace. Il n'y a pas de limite, seulement celle de votre mental, que vous allez apprendre peu à peu à dompter. Ne vous inquiétez pas si vos débuts sont tâtonnants, ou même s'ils vous semblent inexistants. C'est quasi certain que vous allez d'abord passer par une phase de déception. Pourquoi ? Non pas parce que vous n'avez aucun don - car tout le monde à cette capacité -, mais tout simplement parce qu'il faut un peu de temps et de pratique pour reconnaître les signes que vous avez bien reçu une info télépathique et que ce n'est pas juste une projection de votre mental. Tout le monde passe par cette étape de doute et de vide. J'ai de mon côté fait ma première communication consciente seule, et bien évidemment, je me suis flagellée mentalement parce que j'étais convaincue de n'avoir rien reçu. Seulement, en y repensant plus tard avec plus d'outils en main, et donc de compréhension, j'ai réalisé qu'en réalité j'avais bien reçu des infos, sous forme d'images, probablement saccadées et difficiles à percevoir, mais c'était littéralement devant mes yeux et je ne m'en étais même pas rendue compte. Parce que je doutais et que je n'étais même pas partie en m'accordant un minimum de crédit et de confiance. Donc je sais par quoi vous allez passer, et je vous supplie de vous rendre compte que c'est tout à fait normal et humain de douter au début. Ne vous découragez pas, ce n'est pas que vous ne recevez pas, c'est tout simplement que vous ne réalisez pas encore. Avec les exercices de ce livre, vous allez apprendre à bien vous y prendre, à reconnaître les signes, et à savoir les interpréter. Faites-vous confiance et donnez-vous du temps.

Pour commencer, je voudrais vous proposer de vous munir d'un joli carnet qui vous plaît et que vous utiliserez spécialement lors de tous vos essais et pratiques de communication et d'intuition. Notez à chaque fois le jour de votre pratique, et pourquoi pas un petit compte rendu à la fin. Vous le relirez dans quelques semaines pour réaliser le chemin parcouru. Ça vous servira aussi de « condensateur » : en écrivant les choses, elles deviennent soudain plus réelles et prennent une forme reconnaissable sous nos yeux. Rappelez-vous l'exercice de la pose d'intention. Chaque signe que vous vous recevez, que ce soit une image fugace, un mot, une phrase décousue, un son, une odeur, une sensation ou l'impression de savoir quelque chose... notez le dans votre carnet. Même si ça vous semble anodin ou ridicule sur le moment, une fois écrit avec tout le reste, ça pourrait prendre forme, si ce n'est sur le moment, alors dans quelques jours quand vous le relirez. Ça vous permettra aussi de voir, au fil du temps, de quelle manière vous recevez le plus facilement. Est-ce que vous avez plus d'images, ou plus de mots ?

Sachez que ça a de fortes chances de changer au fil des mois, car l'intuition s'affine, mais ça vous permettra au début de mieux vous comprendre.

Pour résumer, avant chaque exercice, notez :

- La date
- L'exercice effectué
- Le nom de l'animal, son âge, son sexe et son espèce
- Les questions que vous avez posées
- Les réponses reçues : TOUT ce que vous avez reçu (Images, sons, mots, sensations physiques, odeurs, impressions, émotions, couleurs, visite d'un autre animal…)
- Finissez en faisant un compte rendu de vos impressions, si vous avez la sensation que ça a été facile ou laborieux, que vous vous êtes senti en connexion ou distant, si ça a été agréable, rapide ou si les infos ont été longues à venir… tout ce qui peut vous aider en relisant plus tard à faire le point sur votre progression.

Communiquer avec un animal est un dialogue qui s'apparente parfois à ce qu'on pourrait avoir avec un humain. Il est tout à fait possible d'avoir des échanges exactement identiques, en questions et réponses, et aussi d'aller bien plus loin et plus profondément. La communication intuitive offre bien plus de possibilités d'échanges que ce à quoi on est habitué en tant qu'humains. À avoir tout basé sur le langage parlé, l'humanité a perdu ses réflexes intuitifs et ne sait plus comment aller dans la subtilité et la multitude. On peut bien sûr connaître une personne ou un animal de manière très précise en un échange intuitif, qui nous en apprendra bien plus et bien plus rapidement que de la manière habituelle. On va voir ensemble comment s'y prendre, quelles sont les manières de communiquer télépathiquement et la technique à avoir.

Parler à son animal directement

Si vous vous intéressez à la communication animale, il y a de fortes chances que vous parliez déjà beaucoup avec votre animal : par la télépathie sans vous en rendre compte mais surtout par la parole. La communication animale passe aussi par la parole simple. On y pense peu, car on se dit que les animaux, ne parlant pas, sont incapables de comprendre des phrases complètes. « *D'accord* – certains peuvent penser - *ils peuvent se souvenir des ordres, des mots en rapport avec les repas, avec leur activité favorite, mais pas tout un long discours* ». Il est évident de parler à une personne car on est sûr qu'elle nous comprend, mais s'il s'agit de raconter notre journée à notre chat, alors on se sent un peu ridicule. Et pourtant, votre animal ressent un grand bonheur quand vous le regardez dans les yeux, quand vous lui faites sentir qu'il compte pour vous. Alors pourquoi ne pas lui parler comme à une personne envers qui vous auriez de l'attention ? Commencez à prendre le réflexe s'il vous ne l'avez pas ou continuez comme vous le faites déjà à lui parler tous les jours comme à un ami humain. Dites-vous qu'il vous comprend aussi bien que quelqu'un de votre famille, partez du principe que les animaux parlent comme nous, comme dans un dessin animé. Prenez l'habitude de le saluer, de lui demander comment il va, de lui dire ce que vous faites, où vous partez, pendant combien de temps, dites-lui *bonjour* au lever du lit, *pardon* quand vous le poussez de votre chemin, *à bientôt* quand vous partez de la maison, *bonne nuit, comment tu vas ?, je t'aime*...Vous pouvez tout lui dire, ce qui vous passe par la tête, ce que vous faites, ce qui vous tracasse, ce que vous voudriez qu'il fasse, ce que vous attendez de lui, ce qu'il fait de bien, qu'il est l'heure de manger... Ça ne demande aucun effort de votre part et c'est donc un bon moyen de commencer à pratiquer la communication de manière consciente. Il sera ravi de votre attention envers lui et de votre partage.

Et bien sûr qu'il vous comprend, même s'il ne vous regarde pas ou ne semble pas prêter attention. Plus vous lui parlerez comme si vous aviez un humain en face de vous et plus ça vous semblera naturel et moins ridicule qu'au départ, si c'est votre sentiment actuellement. Pas de problème si le fait de parler à un animal - de n'importe quelle manière - vous semble un peu étrange ou carrément absurde pour le moment. Vous allez vous faire votre propre avis au fil du temps, et avoir de moins en moins peur du regard inquisiteur des autres. Au début, pratiquez tranquillement dans votre coin, avec seulement votre animal pour prendre vos marques. Respectez toujours votre propre besoin de temporalité, vous n'êtes pas pressé. Vous aurez tout le temps de passer pour un fou dès que vous direz à quelqu'un que vous parlez aux animaux et qu'en plus ils vous répondent !

Lui parler en pensées

Il y a ensuite la manière plus poussée de lui communiquer des mots. Par la pensée. Faites la même chose, mais en parlant dans votre tête directement, en faisant des phrases complètes et en focalisant votre concentration sur votre animal. Cela marche autant si vous êtes dans la même pièce que lui ou hors de vue. La pensée voyage sans contrainte de temps et d'espace. Observez, si il est près de vous, sa réaction, voyez s'il est attentif et réceptif ou pas. Donnez-vous une ou deux semaines pour prendre le pli et avoir des résultats à observer.

Faites l'exercice si vous avez un chien de penser très fort mais sans le montrer dans vos gestes « *Il est temps de partir en balade* ». Est-ce qu'il vient à vous fou de joie comme à chaque fois que vous mettez la main sur la laisse ? Si oui, bravo ! Si non, pas de panique, continuez tout simplement à vous entraîner.
Si vous avez un cheval, ou un âne, une chèvre… qui se trouve loin dans son pré, appelez-le mentalement. Et attendez qu'il vous rejoigne.

Si vous avez un chat, proposez lui de venir se coucher près de vous, de venir jouer avec son jouet préféré, de venir prendre une friandise (que bien sûr vous ne sortez pas encore et que vous lui donnerez après)…

Entraînez-vous pendant une semaine en lui parlant au maximum par la pensée. Dites tout simplement ce que vous avez l'habitude de dire à voix haute mais cette fois dans votre tête en ayant la forte conviction qu'il vous entend exactement de la même manière. Plus vous serez sûr de vous plus facilement le message passera. Soyez convaincu et c'est tout. Imaginez-vous être dans le dessin animé préféré de votre enfance où vous vivez dans un monde incroyable dans lequel les animaux parlent le même langage que les humains. Pas de barrière et pas de questions, c'est tout simplement normal.

Lui envoyer des émotions

Au-delà des mots, il y a une forme de communication plus rapide, plus intime, plus subtile. Avant de mettre des mots sur les choses, on va ressentir une émotion, ce qui est inévitable car plus rapide. Positives ou négatives, dans tous les cas, les émotions sont toujours présentes et font partie de notre manière d'appréhender le monde. Et les autres. Il ne fait pas de doute que quand il s'agit de votre animal, vos émotions positives sont à leur comble, vous êtes heureux d'être près de lui, de l'avoir dans votre vie, de vous occuper de lui, de rentrer à la maison pour le retrouver… Entraînez-vous à lui communiquer ce que vous ressentez pour lui. Renvoyez-lui ce qu'il vous envoie.

Voici une méditation pour vous connecter à votre animal par les émotions :

Installez-vous confortablement, fermez les yeux, prenez quelques inspirations profondes et visualisez votre animal. Laissez son image se former devant vos yeux fermés, laissez-le venir à vous, s'installer, faire ce qu'il veut faire. Ne vous en voulez pas s'il est flou, s'il apparaît quelques instants avant de disparaître, ou même encore si pour le moment vous ne voyez rien : ça va venir avec la pratique ! Une fois que vous vous sentez connecté avec lui, imaginez-vous dans une sensation de bien-être parfait, dans une bulle de coton, entouré d'amour. Il ne vous reste plus qu'à lui envoyer cette sensation, rien qu'en le voulant. Si ça vous aide, vous pouvez visualiser cette sensation comme une bulle de savon qui vole vers lui pour aller l'entourer par exemple, ou encore comme un ruban argenté qui part de votre cœur jusqu'au sien. Trouvez ce qui marche pour vous. Quand vous avez fini, ouvrez doucement les yeux. Observez sa réaction à la fin de la méditation. Il s'est peut-être endormi paisiblement pour profiter de cette bulle.

Lui envoyer des images

Cette technique vous demandera peut-être un peu plus de concentration, puisqu'il s'agit de visualiser, ce qui est souvent un peu difficile pour les débutants. Mettez les phrases de côté, et faites appel cette fois à votre imagination. Choisissez un message à lui passer et mettez-le en image. Il y a deux manières de visualiser, à la fois en une image fixe, ou bien sous la forme d'un film. Demandez-lui par exemple de vous rejoindre. Vous pouvez le visualiser là où il est actuellement et le faire venir dans ce film en mouvement jusqu'à vous. Si vous voulez lui demander de vous apporter son jouet pour vous amuser avec lui, envoyez lui l'image précise de ce jouet. Il comprendra le message et ça devrait lui donner envie d'aller vous le chercher.

Faites la méditation précédente en incluant cette fois à la place de la sensation, une image ou un film. Vous pouvez lui envoyer des images qui lui parlent : vous deux en train de jouer, de vous balader, de sa gamelle…
Envoyez ces images quand vous avez l'intention de faire ces activités avec lui, et observez sa réaction. Il y a fort à parier qu'il sera réceptif !

7 PREMIERS ESSAIS

Une fois que vous commencez à vous sentir à l'aise et que vos premiers pas vous ont donné vos premières sensations et résultats, vous allez avoir envie d'aller plus loin et d'expérimenter. Les possibilités sont infinies, et on va en voir quelques-unes ensemble. Communiquer avec un animal, ce n'est pas seulement lui parler, mais c'est aussi lui donner la parole. Quand on commence à communiquer avec lui, qu'on a des débuts de preuves que tout ça est possible alors on réalise que le monde animal a de nombreuses facettes, dont on ne pouvait même pas se douter. On a tous rêvé, petit, d'avoir le don de parler directement aux animaux, domestiques et sauvages, et on y arrivait, sans même s'en rendre compte. À présent que vous y êtes de nouveau de plein pied, vous comprenez qu'un monde infini s'ouvre à vous. Dialoguer avec un animal et recevoir des informations de manière étonnante, c'est déjà beaucoup et ce n'est que le début. À travers la communication intuitive, on peut devenir un petit détective et comprendre le pourquoi du comment, les raisons d'un comportement ou d'une maladie, le passé de l'animal, ses conditions présentes, ses goûts, ses envies, ses peurs, ses rapports relationnels, sa mission dans la famille...et à travers lui, on découvre aussi la vie des êtres qui gravitent autour de lui. L'intuition, c'est comme les poupées russes : ça n'a pas de fond, il y a toujours un autre niveau derrière chaque niveau. En tant que communicateur, on assiste à tout ça en spectateur, on découvre tous ces nouveaux mondes qui semblent ne vouloir jamais s'arrêter. Et peut-être que c'est le cas, qu'il n'y a pas de fin et que tout est possible. Gardez toujours votre âme d'enfant et d'explorateur quand vous partez à l'assaut de l'intuition, elle a tant à nous montrer et à nous faire redécouvrir. On n'en a même pas idée. On ne peut qu'effleurer les premières couches, les unes après les autres et s'émerveiller. Explorez ce nouveau monde et vous partirez en même temps à la découverte de vos propres capacités qui sont en lien avec cette recherche dans laquelle vous êtes.

Pour faire vos prochains pas en communication animale, vous allez apprendre à recueillir des informations sur l'animal et son humain (puisque nos animaux savent tout de nous) et commencer à établir un dialogue questions-réponses avec lui.

Dans les exercices suivants, vous allez travailler avec un animal que vous connaissez peu ou pas, car il va s'agir de deviner ses goûts. Vous pouvez soit demander à l'un de vos proches la photo de son animal, ou le faire en direct, à leur côté. Si vous ne connaissez pas l'animal, demandez son nom à son humain.

Pour travailler à partir d'une photo, mettez-vous dans un endroit calme, prenez le temps qu'il vous faut pour imprimer l'image de l'animal dans votre esprit et fermez les yeux. Faites de la respiration complète et de l'ancrage.

Si l'animal est devant vous, vous pouvez tout aussi bien le regarder durant toute la communication ou bien fermer les yeux. En général, quand on débute, on trouve plus facile de s'enfermer dans sa bulle en fermant les yeux car ça aide à la concentration. Essayez des deux manières, et voyez ce qui est le plus simple pour vous. Dans les deux cas, soyez dans un environnement calme et silencieux, sans aucune contrainte.

Le caractère de l'animal

Centrez vous, respirez et regardez la photo ou l'animal à côté de vous. Essayez pour commencer de deviner ses traits de caractère. Concentrez-vous sur les mots qui pourraient le définir, de la manière dont vous voyez les choses et dont vous les ressentez. Notez tout ce qui vient. Est-ce qu'il est doux, calme, plein d'énergie, joueur, timide, peureux, collant, distant, obéissant, têtu, bruyant, gourmand, câlin...?

Le caractère de l'humain

Demandez ensuite de la même manière à l'animal de vous donner :

- Les traits de caractère de son humain,
- Des mots pour caractériser la relation qui les unit
- Et enfin ce qu'il pense de son humain.

Ne vous censurez pas, et laissez venir tout ce à quoi vous pensez.

Les goûts de l'animal

Demandez-lui ensuite ce qu'il aime et ce qu'il n'aime pas. Que ce soit en nourriture, en jeux, en activités, ses copains... Essayez d'utiliser plusieurs canaux de réception, soit en vous concentrant là-dessus, soit en demandant à l'animal de vous montrer les choses de cette manière. Tentez de deviner la nourriture au goût, de voir la couleur de son jouet préféré, d'entendre le nom de son compagnon...

Quand vous avez terminé, remerciez-le de cet échange et mettez-y fin en le lui disant textuellement. Demandez ensuite à votre ami de vous corriger sur ce que vous avez reçu. Vous pouvez très bien calculer votre pourcentage de réussite et le noter dans votre carnet, dans lequel vous aurez aussi marqué la date. De cette manière, vous allez pouvoir mesurer votre progression de façon mathématique et claire, ce qui peut parfois être plus évident et motivant, d'autant plus dans une activité difficile à cerner telle que la communication animale.

8 PRENDRE DES NOTES

Ayez votre carnet toujours avec vous quand vous vous apprêtez à faire une communication. C'est très important de prendre le réflexe de tout noter, à la fois pour garder une trace de l'échange et de votre progression, mais aussi pour pouvoir donner le compte rendu à l'humain, particulièrement si vous le faites à distance. Il y encore une autre raison pour laquelle vous devez être équipé d'un carnet ou autre forme de prise de note, c'est que, - comme vous le verrez sûrement - quand on reçoit à travers l'intuition, les informations ont tendance à s'évaporer de notre mémoire d'une manière très déstabilisante. Il m'arrive de rester bloquée pendant un bon moment à me gratter l'intérieur du crâne pour essayer de retrouver la phrase exacte que l'animal m'a dite une minute plus tôt, parce qu'entretemps j'aurais noté le début du message, et arrivée à la fin...brouillard. (Je trouve ça très important de noter les phrases et mots exacts entendus car le vocabulaire est personnel, même chez les animaux, et une certaine tournure de phrase peut avoir plus de sens qu'une autre). Pour en revenir au brouillard, comment expliquer ça ? Comment se fait-il qu'on puisse oublier une phrase qu'on vient tout juste d'entendre ? Ce n'est pas un problème de mémoire, mais quelque chose de plus subtil. Je l'associe à cette infime période de transition entre le rêve et le réveil. Il nous arrive à tous sans exception, et même presque tous les matins, de totalement oublier le rêve dans lequel on était plongé profondément juste avant la sonnerie du réveil. Ou de ne nous souvenir que de quelques bribes. Parfois le reste revient plus tard, dans la journée, et parfois on n'y fait plus attention. Et bien en communication intuitive, c'est le même principe. Notre conscience s'évade un peu pour aller voler un peu plus haut et rejoindre celle de l'animal. Elle part sur un autre plan, plus ou moins éloigné du plan physique, et ensuite revient à nous. Et ce changement de plan, de vibration, de niveau, crée un petit désordre dans notre esprit et notre mémoire qui ne savent plus trop comment gérer ces informations venues de si loin. D'où la confusion et le brouillard. Ça n'arrive pas tout le temps, mais il est bon de connaître ce phénomène pour apprendre à bien prendre des notes, et à ne pas s'inquiéter. Au fil du temps, la mémoire va s'adapter plus vite et plus efficacement, à mesure de votre entraînement, et ça finira par devenir plus anodin car plus intuitif.

Pour noter vos échanges intuitifs, plusieurs solutions s'offrent à vous, qui pourront changer au fil du temps. Prenez pour commencer celle qui est la plus simple et la plus efficace pour le moment. Pour ma part, j'ai toujours écrit. Au début, je faisais les choses par étapes, en me concentrant d'abord pleinement sur ma communication, et cette méthode je l'ai gardée longtemps. Et puis, en prenant de l'assurance, j'ai réussi à faire les deux en même temps, et j'écris à mesure que je reçois. Voyez ce qui est le mieux pour vous à chaque étape de votre entraînement et n'hésitez pas à tester et à trouver vos propres solutions.

Écrire juste après

C'est la méthode la plus simple pour débuter. Vous choisissez de vous concentrer sur la communication et de prendre les notes tout de suite après. Il y a de fortes chances que vous ayez les yeux fermés tout le long du processus de communication parce que c'est la manière la plus évidente de se couper des stimuli extérieurs et de se concentrer sur les images et voix intérieures. De plus, avec le phénomène de voyage de la conscience dont je vous ai parlé, c'est très compliqué quand on n'en a pas l'habitude de revenir à la réalité toutes les deux secondes, et du coup, de réussir à reprendre le fil là où on l'avait laissé. C'est un coup à prendre de pouvoir ouvrir les yeux pendant une communication et de passer d'un état à un autre, donc il est plus facile quand on commence de faire les choses étape par étape. D'abord la communication, ensuite les notes. En plus vous ferez travailler votre mémoire, ce qui ne peut pas faire de mal.

Notez donc tout ce que vous avez reçu, et dans l'ordre dans lequel ça vous est venu pour retracer le film :

- Comment l'animal vous a-t-il semblé ? Égal à lui-même ? Sinon, différent de quelle manière ? Physique, comportementale ?
- Comment vous êtes-vous senti face à lui dans le début de la rencontre ?
- Quels ont été les échanges ? Notez vos questions, et ses réponses : quels mots, phrases, images, sensation… vous a t'il envoyé ?
- Avez-vous ressenti des stimuli physiques ? Où, à quel moment ?
- Quelles ont été les évidences que vous avez eues à propos de lui ?
- Quelles images et couleurs avez-vous perçues ?

...

Écrire en même temps

En général, on a les yeux fermés quand on communique, dans ses débuts mais aussi en continuant. Particulièrement quand on communique par photo. Mais certaines personnes peuvent préférer, quand elles ont l'animal à côté, le regarder directement car la connexion peut sembler mieux s'établir. Dans ce cas-là alors, il est facile d'écrire en même temps puisqu'on ne perd pas le fil. Si on garde les yeux fermés, il faut les rouvrir régulièrement pour écrire sur le carnet et ensuite se remettre en état de méditation pour recevoir à nouveau. C'est une habitude à prendre avec de l'entraînement, mais c'est au final plus simple pour être sûr de ne rien oublier, surtout quand avec le temps vos communications deviennent plus longues. Durant un échange d'une heure, ça devient compliqué de se souvenir de tous les détails. Et toutes les infos ont leur importance, parfois ce qui est un détail pour nous peut-être en réalité « l'info qui tue » de la communication pour l'humain lui-même, car c'est la chose qui lui parle le plus et qui lui prouve bien que tout ça est réel. Donc, rappelez-vous de toujours bien tout noter sans ordre d'importance, car tout a un sens, même si ce n'est pas évident pour vous. Et c'est normal, puisque la plupart du temps, vous ne connaîtrez pas l'animal, et pas son humain non plus, donc comment savoir à leur place ce qui a plus d'importance ?

S'enregistrer à l'oral

Plutôt que de prendre des notes, il y aussi la possibilité de s'enregistrer pendant la communication. Avec l'application dictaphone de votre smartphone, faites comme si vous étiez un journaliste et dites tout l'échange à voix haute. Racontez ce que vous faites, ce que vous percevez, les questions que vous posez, et les réponses que vous recevez. Allez là aussi dans le détail. Avec cette méthode, vous pouvez tout autant avoir les yeux fermés qu'ouverts, selon votre préférence.

Ensuite, il n'y a plus qu'à sauvegarder cet enregistrement dans un dossier informatique, ou à le recopier précisément à l'écrit dans votre carnet.

Répéter à la personne en face

Et enfin, dans les cas où vous êtes avec la personne qui vous demande une communication avec son animal, ou que vous l'avez au téléphone, vous pouvez soit choisir de lui dicter les choses au fur et à mesure, telles qu'elles arrivent, ou bien vous pouvez prendre des notes à côté, et lui donner à la fin de l'échange. Selon votre sensibilité et votre manière de communiquer, vous trouverez ce qui vous convient le mieux.

9 DEBRIEF

Vous venez de faire vos débuts en communication animale, bravo, vous pouvez être content de vous ! Faisons le bilan, qu'est-ce que ça a donné ?

Vous êtes à l'aise avec les exercices de relaxation et d'ancrage ?
Si vous vous sentez bien durant ces exercices, que vous en ressortez plus détendu de corps et d'esprit, et que c'est un plaisir de les pratiquer, au point que vous arrivez à tenir un rythme régulier, alors continuez comme ça.

Si vous sentez un blocage par rapport à ça, voyons comment y remédier :
La méditation peut paraître bizarre et un peu déstabilisante quand on commence. C'est normal, c'est une technique qui n'est pas inscrite dans les mœurs occidentales, qui ne fait pas partie de notre tradition. Si vous découvrez et que vous n'êtes pas entouré de quelqu'un pour partager vos expériences en termes de méditation et d'approche spirituelle, n'hésitez pas à vous rapprocher de groupes de méditation, ou de prendre des cours de yoga par exemple. Ça vous aidera à vous poser un cadre, à vous mettre dans le bain et à avoir des personnes avec qui parler de la spiritualité et poser vos questions.
Si vous préférez ne pratiquer qu'en solo, alors mettez-vous un cadre. Si vous trouvez que vous avez du mal à vous motiver, ou à trouver un moment dans la journée, vous allez avoir besoin de vous structurer. C'est vrai qu'il est difficile dans nos vies à grande vitesse de trouver un moment pour se poser et pour s'occuper de soi. Pourtant, c'est

justement pour ça que c'est primordial. Il faut se sortir du stress journalier et retrouver son équilibre. Sans ça, pas de communication animale. Votre stress va bloquer vos capacités intuitives et risque de contaminer les animaux, en propageant de mauvaises ondes. Vous le savez, les émotions sont communicatives. Prenez les exercices de préparation comme un investissement sur l'avenir. Au fil du temps, votre stress va diminuer, vous apprendrez à mieux gérer vos émotions, votre santé va s'améliorer et votre environnement sera bien plus réceptif à vos vibrations, car plus on est haut en vibrations, plus on attire les vibrations égales, donc de plus en plus belles.
Alors pour vous auto motiver, fixez-vous un même horaire chaque jour, soit au réveil, soit tranquillement le soir, ou dans la journée, selon votre emploi du temps. Commencez en faisant de courtes séances, de dix minutes. Faites ça durant deux semaines. Puis peu à peu, augmentez la durée de chaque méditation de dix minutes en dix minutes. Plus vous pratiquerez, plus vous y prendrez plaisir et vous sentirez des résultats, au niveau de votre concentration, de vos émotions et de votre réception intuitive. C'est inévitable, ça marche pour tout le monde. À condition de tenir la barre.

Vous avez reçu vos premières informations intuitives ? Est-ce que ça vous a semblé facile et naturel ? Avez-vous identifié les canaux de réceptions les plus évidents pour vous ? Faites le point sur ce qui a été facile pour vous et concentrez-vous dessus les prochaines fois, continuez sur la même voie.

Si au contraire, l'animal vous a semblé rester totalement muet ou difficile à cerner, il y a plusieurs raisons à voir :
- Dans le cas où vous n'avez rien reçu, rappelez-vous que ce n'est qu'une impression. Vous avez besoin de faire le point. Il y a trois étapes à suivre : se faire confiance, identifier ses canaux de prédilection et mettre le mental de côté.

Donnez-vous le temps d'apprendre et de progresser, soyez conscient que beaucoup de choses nous dépassent encore sur ce sujet, et qu'il faut rester humble et surtout curieux. On ne peut pas tout comprendre et précipiter les choses. Prenez ce qui vous est donné et donnez-vous les moyens d'atteindre ce qui est à votre portée.
Si vous avez la sensation de ne rien avoir reçu, refaites vous le film de cette communication passée. Est-ce que vous avez réellement ressenti un vide, une absence ? Peut-être que vous n'étiez pas assez ancré. La prochaine fois, appliquez-vous plus sur les exercices préliminaires. Si en y repensant vous avez finalement peut-être eu quelque chose, de quoi s'agissait-il ? Essayez de vous souvenir si c'était une impression, une image, un mot… et voyez le paragraphe suivant pour identifier vos canaux.

De manière générale, le plus gros obstacle (et le seul en réalité) est celui du mental. Le mental est ce qui nous permet de voir les choses de manière logique et avec méthode. C'est très utile dans le monde physique de tous les jours, mais son côté rigide et univoque est notre Némésis dès lors qu'on commence un travail spirituel et énergétique sur soi. Le mental est la petite voix qui nous dit « méfiance », et par là qui nous retient en arrière, dans un faux sentiment de protection. C'est la voix de la logique. Quand on reçoit une information qui est évidente pour un chien par exemple, mettons « *J'aime les promenades* », le mental va venir vous voir et vous dire « *Et bien oui, normal, comme tous les chiens ! Tu le sais, comme tout le monde, ce n'est pas de la communication animale* » Sauf que cette information en est une parmi d'autres, et ça ne l'empêche pas de vous être parvenue par intuition. Si vous creusez, vous aurez plus d'informations plus précises et individualisées. Ne laissez pas le mental vous ramener à une réalité physique basique, laissez la logique un peu de côté et donnez sa chance à l'improbable.
- Si vous avez reçu seulement des bribes, bravo c'est un bon début ! Sachez d'abord que les animaux sont comme nous, et qu'ils ont chacun

leur caractère et leur manière de communiquer. Si vous êtes tombé sur un animal peu loquace, il y a de fortes chances que ça vienne de lui, et qu'il n'ait pas plus envie que ça de se raconter. Vous aurez besoin de vous frotter à tout plein de caractères différents pour comprendre comment la communication animale marche. Ce n'est pas une autoroute où le paysage est toujours le même. Chaque individu est différent et vous partagera sa vie de manière différente. Vous verrez donc avec vos prochains animaux la différence et vous comprendrez ainsi ce qui vient de vous et ce qui dépend simplement de l'animal.
Vos débuts seront erratiques également parce que vous faites vos armes, tout simplement. C'est la pratique qui affinera vos capacités et recoudra les morceaux éparpillés. Quand on commence une nouvelle pratique, quelle qu'elle soit, on démarre d'en bas, on ne voit pas les choses d'en haut et c'est plus difficile de faire son analyse.

Vous avez pu identifier vos canaux de réception ?
Comment avez-vous reçu ? Images, mots, odeurs, sensations physiques, évidences… ? Notez les sur votre carnet et faites le point. Qu'est-ce qui est revenu le plus souvent ? Est-ce que c'était de manière claire ou diffuse ? Y a-t-il un seul canal ou plusieurs ?
- Si vous avez entendu des mots épars - ce qui est habituel quand on commence - avec le temps vous aurez la possibilité de recevoir de plus en plus de précisions, jusqu'à avoir des phrases complètes. Puis ensuite des paragraphes. Vous pourrez très bien avoir certaines communications entièrement dans le langage parlé.
- Si vous avez reçu des images, vous pourrez vous entraîner à recevoir de plus en plus finement, ce qui peut vous amener à vous retrouver propulsé dans la vision de l'animal, à voir par ses yeux son environnement direct ou habituel. Il pourra aussi vous partager des souvenirs par ce biais, en vous envoyant des films de son passé. C'est un canal très pratique pour se retrouver au cœur de la vie de l'animal et voir les choses de manière précise.

- Si vous avez eu des ressentis physiques, parlez-en à son humain, il se pourrait soit qu'il soit au courant que son animal à des douleurs à cet endroit, et sinon, ça lui permettrait de l'apprendre et de pouvoir s'en occuper. Il peut aussi s'agir d'une sensation de froid ou de chaleur, de mal-être ou bien-être général, de faim, de soif ou encore des émotions. Les ressentis émotionnels sont à prendre en compte et à différencier des nôtres. Pour savoir si ce qu'on ressent vient de la communication ou s'il s'agit de nos propres ressentis, attendez la fin de la communication. Si ça continue, c'est à vous. Si ça s'arrête ou que ça vous a vous a semblé rapide et fugace durant la communication, alors c'est probablement quelque chose qui appartient à l'animal.
- S'il vous a semblé avoir des certitudes, des connaissances évidentes, faites-en le retour à l'humain pour confirmer avec lui. Ici aussi, tout le travail d'équilibriste est d'apprendre à faire la différence entre une vraie intuition et une information du mental.
- Si vous avez senti des goûts ou des odeurs, c'est très pratique dans certains cas. N'hésitez pas à demander à l'animal directement de vous donner ce genre d'info pour « sentir » l'endroit où il se trouve, pour voir ce qu'il aime ou encore pour comprendre une situation où l'odeur peut être prédominante.

Voyez si vous recevez à travers un canal principal ou plusieurs. Essayez de tous les travailler au fur et à mesure de vos communications en demandant à l'animal de vous envoyer ses réponses à travers un canal spécifique. Au fil du temps, vous verrez quels canaux sont les plus intuitifs pour vous, et ceux que vous préférez utiliser.

S'il y a un thème de blocage qui est commun à tous - à dose différente mais malgré tout toujours présent - c'est la difficulté à mettre le mental de côté. Le cerveau étant toujours en marche, il nous envoie sans arrêt toutes sortes d'informations. Elles nous passent par la tête, devant les yeux, par les émotions et les sensations. Il est impossible de se déconnecter totalement de la marche normale et vitale du corps. Seulement, en intuition, notre but est de laisser l'esprit, la conscience s'exprimer, indépendamment de ce que notre corps ressent dans le présent. On cherche à créer une bulle hors de l'espace et du temps et de sortir du culte du « moi », le temps de la séance, pour être ouvert à l'autre. C'est heureusement, comme tout, quelque chose qui se travaille et qui peut être affiné. Je vous propose quelques exercices pour déconnecter du mental quelques instants, et ainsi réussir à laisser de la place pour que votre intuition s'y faufile.

La méditation des nuages dans le ciel :

Pour mettre le mental de côté, s'approcher au maximum de l'état d'un esprit clair, la méditation est tout indiquée. Son but premier est d'apprendre à se détacher et à se débarrasser du superflu. Essayez la méditation suivante pour faire la paix avec le flot de vos pensées :

Vous êtes assis confortablement, au calme. Vous vous visualisez dans un paysage accueillant et apaisant, duquel vous pouvez voir le ciel dans son immensité. Aucun obstacle ne vous barre la vue. Le ciel est d'un bleu clair pur, sans nuage. Vous appréciez ce calme et ce vide. Puis vous sentez venir votre première pensée non désirée. Elle est là, devant vos yeux. Regardez là, donnez-lui toute sa place. Ne la jugez pas sur le simple fait qu'elle vous apparaît et sur ce qu'elle vous apporte, que ce soit positif ou négatif.

Imaginez cette pensée devenir un joli nuage blanc qui vient s'accrocher dans votre ciel bleu. Puis, avec votre expiration, soufflez dessus pour le faire partir, tout doucement, jusqu'à l'horizon. Puis faites de même avec toutes les pensées suivantes. Voyez les nuages qui apparaissent dans votre ciel, et qui sont poussés peu à peu par le vent, à un même rythme. Faites l'exercice jusqu'à ce que votre ciel vous semble apaisé. Sentez le souffle dans votre poitrine, il doit être plus lent et plus profond. Quand vous sentez que vos pensées et votre mental sont calmes, rouvrez les yeux.

L'écriture automatique :

C'est une technique que beaucoup de professionnels de l'intuition utilisent. Elle permet une mise au repos du cerveau et un accès rapide et efficace à l'inconscient. Dans cet exercice, on ne se concentre pas mais on laisse les choses venir spontanément, sans les juger, sans y regarder de trop près, sans gérer quoi que ce soit et chercher à contrôler. C'est comme dire à notre corps de faire un résumé de nos rêves quand on est endormi. Vous allez avoir besoin de votre carnet et d'un stylo. Soyez sûr d'avoir un moment devant vous de calme et de silence absolu, et de ne pas pouvoir être dérangé. Si ça peut vous aider, mettez en fond une musique de relaxation, douce et sans paroles. Installez-vous assis et faites de la respiration complète. Pratiquez la méditation précédente des nuages dans le ciel. Quand votre tête est plus légère, posez votre main tenant le stylo sur la feuille de papier vierge. Soyez dans une attitude d'attente, prêt à écrire. Ne réfléchissez pas et laissez votre main noter tout ce qui vous passe par la tête. Des mots, des phrases, des gribouillis... Même si rien n'a de sens avec le reste, c'est le principe, ne vous arrêtez pas à ça. Écrivez tant que vous recevez des choses. À la fin, si vous le voulez, relisez, ça vous fera sourire ou peut-être même que ça vous donnera des indices sur votre condition présente, sinon, gardez le de côté pour plus tard. Cet exercice, vous pouvez le pratiquer quand vous voulez, il repose sur la spontanéité et le décrochage du cerveau. Ça peut aussi vous aider à vous vider la tête les jours où vous avez trop de soucis.

La spontanéité :

S'il y a des exercices pour calmer son mental et apprendre à faire de la place pour son intuition, la vie de tous les jours est aussi un parfait terrain d'entraînement, si ce n'est le premier. Donnez-vous chaque jour des buts à atteindre pour sortir de cet engoncement mental dans lequel on est tous conditionnés. Donnez-vous les moyens d'être plus spontané au jour le jour, en faisant des choses que vous n'avez pas l'habitude de faire, en arrêtant de tout planifier, en acceptant les invitations des autres, en arrêtant de vous soucier constamment du regard extérieur et de son jugement. Faites les choses pour vous même, et pour votre plaisir.

Pratiquez ces activités pour donner plus de jus et de lest à votre corps, qui emmènera alors avec lui votre esprit vers plus de légèreté : Faites de la peinture, du dessin, du chant, de la danse, du théâtre, du sport, du jardinage, allez découvrir un nouvel endroit pour une journée, visitez un musée, sortez avec vos amis, jouez avec vos animaux...

11 S'ENTRAÎNER SEUL ET EN GROUPE

Au début, il est préférable de ne pas rester dans son coin et de bien s'entourer. Dans l'idéal, participez à un stage de communication animale avec un professionnel, qui vous donnera l'occasion de vous entraîner en groupe et d'être guidé. L'avantage ensuite est que vous pouvez rester en contact avec les autres stagiaires et vous entraîner entre vous, avec vos animaux, sans peur de faire des erreurs, puisque vous êtes dans le même bain. Partagez-vous les photos de vos animaux et les questions que vous voulez leur voir poser. Entraînez-vous entre vous. Vous aurez ainsi des animaux facilement accessibles, vous pourrez sans crainte donner vos ressentis à son humain puisqu'il est dans le même cas que vous et ne vous jugera pas, et ensuite, s'il y a d'autres personnes qui ont communiqué avec le même animal, vous pourrez échanger vos notes entre vous et faire les liens. Tout ce que vous avez trouvé en commun a de fortes chances d'être exact, et vous donnera à tous un bon boost de confiance en vous.

Pour trouver les occasions de pratiquer de votre côté, n'hésitez pas à vous tourner d'abord vers votre entourage. Demandez-leur la permission de parler avec leurs animaux, de parler de vous autour d'eux et vous aurez toujours une demande pour aider un animal pour un problème de comportement ou une baisse de santé.
Si vous faites partie d'un club canin ou équestre, parlez de votre nouvelle passion aux autres personnes, il y en aura probablement qui seront ravis de vous permettre de communiquer avec leur animal, et ainsi de découvrir ce qu'il a à dire et à partager.

Vous avez aussi la possibilité de vous rapprocher d'une association d'aide aux animaux, où vous pourrez prêter une voix à ces animaux afin de savoir comment ils se sentent, ce qu'ils ont vécu, et ce qu'ils attendent à présent, soit en terme de soin s'ils sont malades, soit ce qu'ils attendent de leur prochaine famille. Vous aurez ainsi l'occasion de vous entraîner avec des animaux de divers horizons, tout en les aidant à aller mieux et à avoir un avenir conçu pour eux.
Et bien sûr, vous avez aussi vos propres animaux avec qui parler, qui seront toujours disponibles pour vous.

Commencez en proposant vos services de manière bénévole et le jour où vous vous sentirez sûr de vos communications et de vos résultats, si vous le voulez vous pourrez alors fixer un tarif, car tout travail mérite salaire, et de cette manière, votre travail sera valorisé et respecté.

12 S'ENTRAÎNER RÉGULIÈREMENT

En plus de vous entraîner sur vos propres animaux et ceux de votre entourage, il existe d'autres possibilités à travers la faune sauvage. Vous pouvez pratiquer tout le temps, rien qu'en vous promenant car les animaux sont tout autour de nous. Dans la rue, discutez avec les pigeons, les moineaux, les abeilles, les lézards, les chiens et chats que vous croisez. Si vous partez en balade bucolique, adressez-vous aux animaux sauvages que vous aurez la chance de croiser. Il y aura toujours des oiseaux et des insectes qui croiseront votre route et si vous êtes chanceux, de plus gros animaux plus rares à voir.

Quand vous vous retrouvez face à un animal sauvage, dites-lui bonjour - dans votre tête de préférence pour ne pas l'effrayer - présentez-vous et demandez-lui comment il va. Les animaux sauvages sont toujours ravis de se retrouver face à un humain qui leur adresse la parole, et ils adorent nous raconter des petits bouts de leur vie. Ils pourront vous dire comment ils se sentent sur le moment, ce qu'il sont en train de faire et parfois vous poser des questions en retour. Les animaux sauvages vivent dans l'essentiel, ils ne sont pas compliqués car bien éloignés des humains, donc leurs préoccupations seront assez terre-à-terre et simples. Pas de chichis avec eux ! Et ne vous attendez pas forcément à recevoir un petit message personnel, les animaux sauvages ne sont pas nos gardiens comme le sont les animaux domestiques. Ils sont eux les gardiens de la terre, du ciel, des lacs et océans. Ne vous prenez pas la tête dans ces communications, tentez de rester fluide et léger, faites court et simple, comme si vous saluiez quelqu'un dans la rue. C'est un bon exercice car il vous oblige à être dans la rapidité et donc à mettre le mental de côté. Un oiseau peut s'envoler à tout moment et une biche peut disparaître dans les fourrés au moindre mouvement de votre part. Donc pour avoir un échange avec eux, vous êtes obligé de vous mettre en mode communication dès que vous croisez l'animal et tout ça sans penser au pourquoi du comment et « *comment-est-ce-que-je-dois-m'y-prendre-déjà* ? » Vous verrez que vous aurez facilement des messages de cette manière, ce qui devrait vous motiver, alors pratiquez dès que vous en avez l'occasion.

Si vous n'avez pas l'occasion de croiser très souvent des animaux sauvages, tournez-vous vers les documentaires animaliers à la télévision, ou trouvez des photos d'animaux sauvages sur internet. Faute de grives...

N'oubliez pas que la pratique est la seule porte vers la communication animale, si vous ne vous en donnez pas les moyens, il y a peu de chances que les résultats suivent. Donnez-vous des buts et forcez-vous à une routine. Je vous conseille vraiment de vous entraîner tous les jours. Soyez comme un sportif qui vise une compétition. Il n'y a pas de place pour le doute et la procrastination. Si le problème que vous rencontrez pour vous mettre dans cette routine est que vous avez l'impression de ne rien recevoir, soyez rassuré, c'est un passage normal pour tout le monde. Dites-vous que vous recevez mais que vous n'avez pas encore réussi à interpréter, ce qui n'est pas du tout la même chose, vous en conviendrez. Et c'est avec le temps uniquement que vous aurez les outils pour acérer votre regard intérieur et comprendre quand vous êtes face à un ressenti intuitif. Ça deviendra de plus en plus évident et quand vous aurez de plus en plus de retours positifs à la fois au niveau des changements observés chez les animaux que vous aurez aidés, et au niveau des retours des humains qui vous diront « oui, c'est tout à fait mon animal, je le reconnais ! », vous vous sentirez plus légitime et apprendrez à vous faire confiance. À vos débuts, partez tout simplement du principe que vous êtes dans le vrai et que vous recevez, et persévérez. Vous êtes en apprentissage. Les résultats deviendront évidents au fil du temps.

À présent que vous avez fait vos premiers pas et que vous avez commencé à cerner et identifier la communication animale, un monde ouvert s'offre à vous. Il y énormément de chemins qui vont être possibles pour vous et tous devraient vous mener à une meilleure compréhension du monde de l'énergie et des animaux. Rappelez-vous de toujours respecter les règles de bonne conduite pour être au service des animaux et ne pas leur nuire, et à agrandir votre pratique spirituelle pour grandir et évoluer sur votre propre chemin. Vous êtes au début de grandes découvertes et de belles évolutions. Continuez à votre rythme et avec passion sur cette voie.

Dans le prochain chapitre, nous allons voir comment aller plus loin avec les outils que vous venez d'acquérir et comment les utiliser au mieux et avec précision.

III APPROFONDIR LA PRATIQUE

-

LES DIFFÉRENTES APPLICATIONS

Message d'un éléphant :

« Je marche dans les pas du monde. J'ai parfois oublié le sang versé mais au final, j'y reviens toujours. L'équilibre n'est pas toujours respecté. Je lutte pour ma survie. Je dois courir, malgré ma nature. Je garde mes ancêtres qui sont aussi les vôtres. Partageons. Je vous propose que nous soyons frères et non plus ennemis. »

1 FAIRE UNE COMMUNICATION COMPLÈTE

On a vu qu'il n'y avait pas de limite avec la communication animale. Elle permet de se connecter de conscience à conscience avec un animal, de mieux le connaître par ses goûts, ses habitudes, son environnement, son caractère, sa manière de voir les choses et de les ressentir... et tout ça sans rien demander à ses gardiens. Les animaux qu'on croyait dénués de parole sont en fait aussi capables que nous de s'exprimer avec n'importe quel individu. Il est possible de converser avec un animal comme on le fait entre nous, humains. Quoi de plus fascinant ? On découvre aussi à travers la communication intuitive que le langage parlé n'est que le sommet de l'iceberg de la communication. Échanger avec un autre être vivant est une activité d'une profondeur insoupçonnable, aux multiples facettes. En plus de partager son point de vue, on est capable avec l'intuition de littéralement se mettre à la place de l'autre, dans ses chaussures, et d'avoir accès à des informations en un temps record, que le simple langage ne pourrait pas égaler. Il n'y a plus de barrière de langue ou de manière de communiquer entre qui que ce soit et pas de limite spatiale ou temporelle. Tout est à disposition, à condition de s'y prendre correctement et toujours dans le respect de chacun.

Vous avez commencé à effleurer toutes ces possibilités, et vous voyez toutes les portes que ça vous a ouvert. Permettez-vous de rêver, vous avez toutes les cartes en main pour découvrir ce nouveau monde.

À présent que vous avez fait vos premières armes, ressenti vos premières sensations et découvert vos canaux de réception, il est temps d'aller plus loin. Quand vous discutez avec vos propres animaux, ou un animal que vous croisez, vous pouvez rester dans l'instantané et la simplicité. Pas besoin de grands discours. Mais à partir du moment où vous venez communiquer avec l'animal d'une personne qui vous demande votre aide, vous aurez plus d'étapes à suivre.

La communication animale peut être utilisée pour diverses choses :

- Écouter ce que l'animal a à dire, à exprimer, sans forcément qu'il y ait un problème à résoudre.
- Se pencher sur un problème de comportement pour en comprendre la cause et voir comment y remédier.
- Trouver l'origine d'un mal ou d'une maladie et obtenir des pistes pour l'aider à aller mieux.
- Lui poser des questions précises, comme par exemple savoir s'il est heureux, s'il accepterait ou voudrait un nouveau compagnon, si il aime sa nouvelle nourriture, son environnement…
- Le préparer à un changement et le mettre en condition, comme lors d'un déménagement, un départ en vacances, une visite chez le vétérinaire, l'arrivée d'un bébé, d'un nouvel animal…
- Lui poser des questions sur ses humains, car les animaux ont une mission envers eux et savent beaucoup de choses sur eux.

- Lui demander son aide au niveau énergétique, son soutien pour certaines épreuves que son humain traverse. Il sera ravi de pouvoir l'aider.

Etc... tout peut être échangé avec les animaux, il ne faut pas hésiter à aller vers eux et leur demander leur avis.

Voyons à présent comment faire une communication complète :

1 INFOS DE DÉPART

Pour se connecter de conscience à conscience à un autre être, il y a besoin de quelques informations, pour concentrer son énergie sur lui et être sûr que ce soit le bon. En quelque sorte, ça revient à se connecter à son fichier personnel énergétique. Par contre, si vous partez avec trop de précisions, évidemment, ce ne sera plus de l'intuition puisque vous le saurez d'avance et que vous pourrez en déduire de manière logique plein de choses. Vous risquez alors de douter de vous, de remettre en cause ce que vous avez bien reçu par télépathie, et la personne à qui vous ferez le compte rendu pourra logiquement avoir ses propres doutes et ne pas y croire.

Préparez donc uniquement ce qui est nécessaire pour la fiche énergétique :

- Sa photo (si la communication est à distance)
- Son nom
- Son âge
- Son sexe
- Sa ville
- Le nom de ses humains et compagnons animaux (vous pourrez lui poser des questions à propos de chacun d'eux)

2 RESPIRATION

Pour pratiquer la communication animale, il est nécessaire d'entrer dans un état méditatif et parfaitement calme. Donc, si vous êtes dans un état d'énervement, autant vous dire qu'il vaut mieux prendre le temps de vous recentrer avant de vous y mettre. Il faut être parfaitement détendu. Si vous avez déjà fait de la respiration complète un peu plus tôt, telle qu'on l'a déjà vue, faites le court exercice qui suit, pour recaler votre respiration. Si vous n'avez pas encore fait la respiration complète dans votre journée, alors commencez par la faire et prenez le temps nécessaire.

Installez-vous confortablement, le dos droit. Respirez doucement par le ventre. Faites de longues inspirations, profondes. Concentrez-vous sur votre souffle, laissez passer les pensées sans y faire attention. Sentez votre souffle qui devient de plus en plus lent et profond. Faites l'exercice durant 5 minutes, ou plus longtemps si vous en ressentez le besoin. Vous devez à la fin vous sentir plus léger et détendu physiquement et mentalement.

3 ANCRAGE

Passez, comme vous le savez maintenant, à l'ancrage.

En restant dans la même position, fermez les yeux, et commencez à visualiser votre corps. D'abord dans sa globalité. Sentez son poids, sa position, ses ressentis intérieurs et extérieurs. Imaginez que de vos pieds sortent des racines et qu'elles descendent dans la terre. Elles grandissent de plus en plus, et descendent jusqu'au centre de la Terre. Là elles trouvent une grande boule de lumière et s'y accrochent. Faites remonter la lumière le long des racines jusqu'à vos pieds. La lumière passe dans vos orteils, vos chevilles, vos jambes...Prenez le temps d'imaginer que la lumière passe dans chacun des centimètres de votre corps, en remontant des pieds à la tête. À chaque endroit où elle passe, relâchez les muscles et les tensions et laissez la lourdeur attirer votre poids vers le sol. À la fin, vous devez vous sentir parfaitement détendu et relâché.

4 ALIGNEMENT

Une fois parfaitement détendu et en paix, faites l'exercice suivant pour vous « aligner ». Il s'agit de finir l'ancrage en se connectant d'en bas jusqu'en haut. À travers l'alignement, vous êtes comme un chêne millénaire qui peut braver toutes les tempêtes. La stabilité est parfaite, et votre force intérieure vous maintient debout, relié au ciel.

Les yeux fermés, faites partir un cordon de lumière du haut de votre crâne jusqu'au ciel. Voyez le monter doucement, pénétrer les nuages et disparaître dans le bleu du ciel, puis dans les étoiles. Une fois là-haut, il s'y fixe et ne bouge plus. Sentez que vous vous connectez à l'espace. Vous pouvez le verbaliser « *Je suis connecté à l'espace/à l'univers/à l'infini* » Imaginez une boule de lumière vert émeraude qui brille dans votre poitrine. Sentez la vibrer et chauffer. Vous pouvez ensuite la connecter en la faisant descendre vers le bas jusqu'à vos racines, et la faire monter vers le haut de votre tête, raccordée au cordon de lumière. Sentez la ligne rectiligne qui part du centre de la Terre, passe tout le long de votre colonne vertébrale et remonte dans le ciel. Prenez le temps de ressentir toutes les sensations qui traversent votre corps à ce moment-là.

Une des étapes primordiales de la connexion à un autre être est de passer par la protection énergétique. Les énergies vont passer de l'un à l'autre et peuvent brasser tout ce qu'il y a autour. Le monde énergétique n'est pas fait que de lumière, il est très important que vous le sachiez, et tout acte de connexion doit être fait sous protection. Les mauvaises énergies peuvent venir de tout côté. Vous pouvez très bien, si vous êtes dans un mauvais jour, passer vos mauvaises vibrations à l'animal. C'est pourquoi il faut toujours passer par les exercices de préparation, afin de se mettre en condition positive. Dans les cas où votre journée a été trop éprouvante et que même la relaxation ne marche pas sur vous, alors laissez tomber la communication animale pour la journée. Non seulement ça ne sert à rien parce que vous n'aurez pas de bons résultats, mais vous pourriez en plus donner vos basses vibrations à l'animal.

Dans les cas où les mauvaises énergies viennent de l'animal, il peut s'agir soit des douleurs physiques ou émotionnelles qu'il peut vous faire ressentir et qui risquent de stagner un peu dans votre corps, ou dans de très rares cas, d'une énergie extérieure et indésirable qui s'est accrochée à lui. Si vous vous rendez compte de ça, il faut immédiatement couper la communication, vous purifier comme on va le voir après, et dire à l'humain de se rapprocher d'un médium capable de couper ce genre de lien. Dans cette hypothèse, vous aurez eu tout intérêt à vous être ancré, puis protégé avant.

Concentrez-vous sur la boule de lumière verte de votre cœur. Faites-la grandir jusqu'à ce qu'elle enveloppe tout votre corps, puis faites-la grandir encore pour être entouré d'une immense bulle de protection de lumière dans laquelle vous pouvez vous balader. Sentez-vous chez vous, libre et à votre place, car c'est votre espace à vous tout seul. Cette bulle vous protège et n'appartient qu'à vous. Dites *« Merci pour cette bulle de protection. Rien ni personne ne peut y entrer sans ma permission »*

6 VISUALISATION

Faites le vide dans votre esprit. Vous êtes dans votre bulle de protection. Vous pouvez y rester assis, ou bien vous promener. Laissez venir à vous un paysage, celui que votre imagination choisira pour vous. Accueillez-le avec gratitude, quel qu'il soit, et laissez-le s'installer. À présent vous êtes dans un beau paysage entouré d'une bulle de protection. Votre décor est planté, vous êtes prêt.

La prochaine fois que vous ferez cet exercice, vous pourrez revoir ce paysage, ou bien en laisser un revenir au hasard, ne forcez pas les choses, et laissez-vous surprendre. C'est une belle manière de voyager.

7 ACCUEIL DE L'ANIMAL

Vous êtes fin prêt à accueillir l'animal. Pensez à lui, voyez son image dans votre tête, et prononcez son nom, à voix haute ou en pensée. Dites-lui mot à mot que vous l'invitez (ou l'autorisez) à entrer dans votre bulle. Vous le verrez alors, ou sentirez sa présence. Il va soit arriver au bout de votre bulle et vous rejoindre, soit apparaître d'un coup, pouf ! S'il est flou (ça arrive souvent), c'est normal, ne vous arrêtez pas sur ce détail. Si vous ne voyez rien, pareil. Partez du principe qu'il est là, soyez-en convaincu. Sentez sa présence, pas la peine de forcément le voir, utilisez tous vos sens. Laissez-le quelques instants découvrir votre bulle. Notez son attitude, vous avez déjà des informations sur son caractère jusqu'à maintenant. Vient-il directement vers vous, ou reste-t-il à l'écart ? Est-il excité ou calme ? Part-il à la découverte de votre bulle ou reste-t-il au même endroit ? Est-ce qu'il est curieux, joueur, craintif, distant… ?

8 PRÉSENTATIONS

On peut passer aux présentations. Proposez-lui de venir vers vous. Demandez-lui s'il est bien « *X* », habitant dans telle ville, avec tels humains. Observez sa réponse. Il peut vous répondre par un *« oui »* parlé, ou mettre sa patte sur votre bras, ou pencher la tête, aboyer, miauler… Ensuite, à votre tour, donnez-lui votre prénom, expliquez-lui que vous débutez en communication animale et que ses humains vous ont demandé d'échanger avec lui.

Finissez votre présentation en lui demandant s'il est d'accord pour communiquer avec vous. Si la réponse est non, alors remerciez le d'être venu, et invitez le à partir. Ce sera pour une autre fois. Quand la réponse est négative, elle n'est en rapport qu'avec la séance actuelle, et pas avec vous, rassurez-vous ! Il n'a tout simplement pas envie maintenant.

Si la réponse est oui, alors continuez :

C'est parti, préparez-vous à recevoir sa communication par tous les canaux de réception. Vous êtes maintenant dans un vrai dialogue, plus uniquement dans des essais de ressentis. L'animal est réellement en face de vous, de manière énergétique, c'est à dire que sa conscience est en connexion avec la vôtre. Faites donc comme si vous vous adressiez à un humain.

Commencez par lui demander de s'exprimer librement, de vous dire tout ce qu'il a à dire. C'est son moment. Faites attention à tout ce que vous ressentez. Notez les choses qui vous arrivent, même si elles vous semblent étranges ou anodines. Ne vous censurez pas ! Il peut dire tout ce qui lui passe par la tête, parfois ça aura l'air pour vous de passer du coq à l'âne, ce n'est pas grave. Certaines choses pourront sembler anodines, d'autres très importantes, dans tous les cas, souvenez-vous de tout et notez-le.

Cette entrée en matière est très importante car lors d'une communication animale, c'est bien sûr l'animal qui passe en premier car on fait tout ça pour lui, pour son bien-être et son équilibre, dans le respect. Il est donc normal de lui donner d'abord l'occasion de s'exprimer avant de se jeter sur lui avec la liste de questions de son gardien ! Chaque chose en son temps. D'autant plus qu'il est fort possible que vous soyez le premier à faire une communication avec lui, il sera alors de son côté soit interloqué, soit franchement ravi, et ce sera lui alors qui aura envie de vous sauter dessus et de tout vous raconter.

Prenez donc bien le temps de lui laisser son temps d'expression libre.

Ensuite seulement, et si vous en avez, vous pouvez passer aux questions. Pour vos premières communications complètes, ne vous sentez pas obligé d'avoir une liste de questions, vous pouvez très bien ne faire que la séance d'expression libre, qui vous occupera déjà assez pour vos débuts. Encore une fois, respectez votre rythme et allez pas à pas.

10 QUESTIONS

Commencez par poser les question clés, à chaque fois, pour chaque animal. Ce sont les questions qui permettent de faire le tour général de son état actuel et de voir comment il va, que vous ayez ou non eu des informations de la part du gardien en amont.

- Comment te sens-tu physiquement ?

S'il va mal, vous pouvez aller plus loin en faisant un scan corporel (que l'on verra plus tard), en lui demandant d'où ça vient, depuis quand, s'il sait pour quelle raison il se retrouve comme ça, et s'il sait comment y remédier.

- Comment te sens tu mentalement/psychologiquement ?

Vous recevrez probablement soit des phrases, soit des émotions directes. Allez plus loin en lui demandant la raison et ce qui peut être fait pour lui, si ces émotions sont négatives.

- De quoi as-tu besoin, qu'est-ce qui te manque ?

Il peut s'agir de plein de choses différentes, souvent associées au bien-être de tous les jours : plus de nourriture ou une autre forme de nourriture, un autre panier, une couverture, de la compagnie, plus de tranquillité, plus de sorties...

- Comment te sens-tu avec tes humains et qu'as-tu à leur dire ?

Vous pouvez faire le tour de chaque personne de sa famille (dont vous avez demandé le nom avant de commencer), en lui demandant son rapport avec elle, son sentiment, tout ce qu'il peut ressentir à son égard et ce qu'il a envide lui dire. Demandez-lui aussi de vous décrire cette personne et de vous donner un conseil pour elle. Nos animaux sont toujours de très bon conseil.

Vous pouvez finir en lui demandant avec qui il a sa mission et de quoi il s'agit.

S'il y a d'autres animaux dans la famille, faites pareil avec eux, pour au moins connaître leurs rapports et relations.

Avec les réponses que vous aurez eues à chacune de ses questions, vous devriez être capable de faire le compte rendu de son bien-être et de son état actuel.

Passez ensuite aux questions des humains.

Finissez toujours en lui demandant s'il a d'autres choses à rajouter, s'il y a d'autres choses importantes. Vous pouvez aussi revenir sur un point qui ne vous semble pas assez complet.

11 REMERCIEMENT

Remerciez-le pour ce beau moment, d'avoir accepté de communiquer avec vous, et d'avoir partagé avec vous. Dites-lui ensuite au revoir et invitez-le à sortir de votre bulle. Si vous sentez que vous avez du mal à le voir partir, soyez plus insistant et imaginez-le en dehors de votre bulle. Notez sa manière de partir. Elle devrait être différente de celle par laquelle il est venu au début. En général, à la fin d'une communication, les animaux se sentent plus légers et repartent soit d'un pas satisfait, soit en courant, ravis.

12 NETTOYAGE

Il est à présent temps de passer au nettoyage. Même si on s'est protégé avant de commencer, durant la communication l'animal a pu malgré tout vous laisser, involontairement, quelques vibrations à lui. Tout ce qui ne nous appartient pas doit être restitué. Ne vous encombrez pas de ce qui n'est pas pour vous et ne prenez pas le risque de le ressentir en vous, par une douleur ou une émotion. Faites la séance de nettoyage - ou purification - à chaque fin de communication.

Vous êtes à présent de nouveau seul dans votre bulle. Imaginez une pluie d'eau ou de lumière qui tombe sur vous et ruisselle sur et dans votre corps et qui vous purifie de tout ce qui ne vous appartient pas. Faites-la durer aussi longtemps que nécessaire. Vous redonnez tout ça à l'univers et vous en ressortez purifié.

13 NOTES

La communication est terminée. Vous avez rompu la connexion et êtes revenu totalement à vous. Selon votre mode de prise de notes, si ça n'a pas été fait durant la communication, faites-le tout de suite, pour ne rien risquer d'oublier. Notez tout, même ce qui vous semble anodin ou ridicule. Les mots, les phrases, les ressentis, les impressions, les images, les goûts et les odeurs.

Une fois le compte rendu fait, donnez-le à l'humain et demandez-lui de vous faire son propre compte rendu en retour. Demandez-lui de vous dire ce qui est juste, ce qui lui semble faux, ce qui l'étonne (ne pas savoir une chose ne veut pas dire qu'elle est fausse, donnez-vous le bénéfice du doute), autant sur les grandes lignes que sur les détails. Et comme vous n'aurez bien sûr rien omis, vous saurez avec précision quel est votre pourcentage de bonne réception sur cette communication. Vous découvrirez aussi régulièrement que certains détails qui vous ont semblés improbables ou ridicules, au point d'avoir hésité à les répéter, sont en fait des points connus de l'humain, et il ne pourra vous le confirmer que si vous lui en faites part. N'ayez pas peur de vous tromper, n'ayez pas peur du ridicule et pour ça, ne vous censurez pas et faites-vous confiance. Jetez-vous dans le bain.

2 QUESTIONS POSSIBLES

On vient de voir quelles sont les principales questions à poser à un animal durant une communication, afin de faire le tour de son état et d'être en mesure de juger de son bien-être. Vous aurez aussi à lui poser les questions que les gardiens veulent lui poser.

Et si vous avez envie d'apprendre à le connaître plus précisément, si vous avez à faire une communication sans questions de ses gardiens, que vous voulez varier les questions ou que vous avez en face de vous un animal timide qui n'ose pas trop prendre la parole de lui-même, vous pouvez lui demander plein d'autres choses.

En voici quelques exemples :

- Quelles sont tes activités préférées ? Et celles que tu préfères faire avec ton humain ?
- Qu'aimes-tu manger ? Est- ce que ta nourriture actuelle te convient ?
- Qu'est ce qui te plait dans ta vie ? Qu'est-ce que tu aimerais voir changer ? Comment peut-on améliorer ton quotidien ?
- Est-ce que ton lieu de repos te convient ?
- Aimes-tu ton nom ? Sinon, comment aurais-tu voulu t'appeler ?
- Aimes-tu vivre avec d'autres animaux ? Si oui, avec lequel t'entends-tu le mieux ?
- As-tu de bons rapports avec tes congénères ?
- Est-ce que tu préfères la compagnie des animaux ou des humains ?
- Comment vis-tu de rester seul à la maison quand ton humain n'est pas là ?
- Que pourrait faire ton humain pour que tu vives mieux ses absences ?
- Quelles sont tes plus grandes qualités selon toi ? Et celles de ton humain ?
- Es-tu heureux ? Si non, qu'est-ce qui pourrait t'aider à aller mieux ?
- Qu'est-ce qui te rend heureux ?
- Est-ce qu'il y a quelque chose qui t'angoisse, te fait peur ?
- As-tu déjà eu des bébés ?
- Quel est ton âge ?
- Où préfères-tu aller te promener ?
- Est-ce que ton pré te convient ?
- As-tu froid, ou chaud ?

3 L'ABSENCE DE LA MAISON

Être un communicateur animalier, même débutant, permet de faire le lien, d'être le médiateur entre l'animal et son humain, et d'aider chacun des deux à avoir la meilleure relation possible. Vous intervenez quand un animal a le moindre problème, que ce soit dans son comportement, au niveau de sa santé ou de son moral. Ou encore quand son humain a besoin de lui faire passer des messages. Différentes applications de la communication animale sont possibles et vous aurez au fil du temps l'occasion de vous y frotter, au fur à mesure des demandes que vous recevrez.
Et de la même manière, de votre côté, vous allez pouvoir profiter de vos capacités pour approfondir votre relation avec votre ou vos animaux.

Une des premières applications possibles et à faire régulièrement est celle de l'absence de la maison. Quand vous vous apprêtez à partir de la maison, que ce soit pour un rapide aller-retour aux courses, ou une journée de travail, n'hésitez pas à en informer votre animal par une simple explication énoncée pour commencer. Expliquez-lui de la même manière que lorsqu'on a appris à lui parler à voix haute. Le ton de la voix est aussi un marqueur, il donne des informations par lui-même que les animaux savent évidemment très bien interpréter. Dites-lui tout simplement - comme vous le diriez à la personne qui vit avec vous - que vous partez, pour combien de temps, et pour quoi faire.

Durant la journée, puisque vous êtes loin de lui, il peut être plus logique de lui parler directement en pensée. Si ça vous aide, et si vous êtes seul, vous pouvez dire les mots à voix haute également. Si vous n'avez pas le loisir de parler à voix haute à vous-même - ce qui est généralement le cas au travail ou dans un lieu commun - alors prononcez simplement les phrases dans votre tête sans vous imposer une quelconque concentration. De loin, vous pouvez lui dire où vous êtes, ce que vous faites. Et dès que vous êtes sur le chemin du retour, alors expliquez lui dans combien de temps vous serez rentré.

4 LUI CONFIER SES PROBLÈMES

On l'a vu plus tôt, les animaux sont dans nos vies pour une raison, ce n'est pas dû au hasard. Chaque animal est attiré par un humain car les deux ont les mêmes vibrations, ce qui fait qu'ils ont chacun quelque chose à apporter à l'autre et à apprendre de lui. L'animal a une mission particulière à accomplir pour le bien de son humain, pour l'aider à se surpasser et à évoluer. Il partage sa vie sur tous les plans. Énergétiquement, les animaux ont d'énormes ressources et sont prêts à y puiser pour nous. Lorsque vous vous retrouvez face à une impasse, à une difficulté ou à une situation inconfortable dans votre vie, vous pouvez tout à fait faire appel à votre ange gardien à poils ou plumes, et il sera ravi de répondre à l'appel.

Vous ne l'accablerez pas, il est là pour vous soutenir, c'est votre meilleur ami ! Parler de ses problèmes est le premier pas pour s'en libérer. Ça vous fera du bien à vous pour commencer, car exprimer les choses à voix haute permet de mettre de l'ordre dans sa tête et de les voir plus clairement. Ensuite, on ne se rend pas compte de tout ce que nos animaux peuvent faire pour nous. Si on leur parle de nos problèmes et qu'on leur demande de nous aider à leur manière, on n'est pas à l'abri d'une bonne surprise.

Quand on se retrouve dans une impasse, qu'elle soit émotionnelle, qu'elle vienne du travail ou d'un problème d'argent, il est toujours bon d'exprimer ce qu'on a sur le cœur. On peut se confier à un proche et demander de l'aide à un autre niveau. Appeler les entités qui nous entourent et leur demander de l'aide est toujours une bonne idée. Elles sont là pour nous écouter et nous assister, dès qu'on en a besoin. Il en est de même pour nos animaux. Ils nous écoutent quand on leur parle, ils savent au fond d'eux les choses les plus secrètes à notre sujet, sans même que nous le sachions. Il peut se révéler très utile de leur demander directement de l'aide. Commencez par prendre l'habitude de voir en eux des confidents. Ils sont ravis de vous écouter leur raconter des pans importants de votre vie, comment vous vous sentez et ce que vous ressentez. Ça les fait se sentir impliqués.

En parlant à voix haute de vos tracas et problèmes, vous les faites sortir de votre système, ils perdent de l'importance puisqu'ils ne sont plus enfermés dans l'intérieur de vos émotions. C'est déjà un bon début. Le simple fait de se confier allège considérablement le cœur. Ensuite, et bien, si vous comptiez sur la magie des animaux ? Quand il aura connaissance de votre blocage, votre animal aura probablement des clés à proposer. Il pourra agir à un plan supérieur et vous réserver des surprises. Avec un peu de patience, peut-être que votre problème trouvera bientôt une résolution « tombée du ciel ».

5 GÉRER LES PROBLÈMES DE COMPORTEMENT

Bien souvent, les humains et les animaux font face à des périodes incompréhension, le dialogue ne passe pas, les différences entre les espèces se font trop épaisses. De là découlent de la colère, de l'obstination, de la frustration… qui se passent d'un côté à l'autre. Comment l'animal réagit-il quand il se retrouve dans une situation où il tente de faire passer un message, mais n'est pas compris ? Il utilise les moyens à sa disposition. Il peut vocaliser (miauler et aboyer à tort et à travers), faire ses besoins en dehors de la litière, faire des dégâts, devenir agressif, fuguer… Puisqu'il ne parle pas le langage humain et vice versa, il ne comprendra pas certaines actions et réactions de son humain et celui-ci se trouvera désabusé face à ce qu'il estime être un comportement déplacé et très désagréable. Aucun animal ne se retrouve à agir de manière inadaptée sans raison. Il y en a toujours une, il y a toujours un point de départ. La première chose à faire lorsqu'on se retrouve face un animal qui a changé de comportement est de consulter un vétérinaire car les causes peuvent être de nature médicale : une douleur soudaine, une baisse de vitalité, un début de maladie…le feront bien naturellement changer de comportement sous l'effet du mal-être.

Si la cause s'avère ne pas être médicale et que l'animal est heureusement en parfaite santé, alors il faut creuser. Il y a probablement un dérèglement quelque part qui a causé du stress qui, ensuite, à fait son travail et s'est exprimé de manière visible et audible pour qu'on le remarque et le prenne en compte. Il faut donc remonter au point d'origine, le mettre en lumière, et trouver les solutions pour le réparer.

La personne qui vient à vous afin de trouver une explication et une aide va avoir besoin de deux choses :

- Connaître la raison du comportement inadapté de son animal (que ce soit soudain ou récurrent)
- Avoir des solutions pour y remédier et venir en aide à son animal.

En tant que communicateur animalier, vous avez les cartes en main et la possibilité de dépasser cette barrière qui s'est mise entre l'humain et son animal. Vous pouvez monter en haut de la tour de Babel pour discuter directement avec l'animal et le comprendre.

Connectez-vous à lui et commencez à lui demander comment il se sent. Puis faites un travail de détective pour remonter les pistes et recoller les pièces du puzzle. Ne partez pas avec des a priori ou des idées quelconques de comportementaliste, qui s'avéreront probablement vraies, mais rappelez-vous que chaque animal est un individu et pas seulement un représentant de son espèce, et que sa propre histoire est par définition personnelle. Il aura donc ses propres raisons de réagir comme il le fait.

Souvent, les changements de comportements sont liés à une volonté de l'animal de faire passer un message. Si son humain ne comprend pas qu'il est dans son propre intérêt de changer quelque chose dans sa propre vie, l'animal peut se mettre à insister pour qu'il comprenne enfin.

Aidez-vous de la liste suivante pour éclaircir le problème :

- Demandez-lui comment il se sent, physiquement et psychologiquement
- Demandez-lui pourquoi il a besoin de se comporter ainsi, et quelles en sont les raisons

Prenez le temps de faire le tour de la question

- Est-ce que la raison vient d'un problème physique ? Dans ce cas-là, demandez-lui d'où exactement, ou faites un scan corporel.
- Est-ce que c'est un problème psychologique ? D'où est-ce que ça vient ? Un évènement en particulier ? Quelque chose lié à son humain ? Une peur ?
- Est-ce qu'il essaye d'expliquer quelque chose à son humain ? Quel est le message ?

Expliquez-lui en quoi c'est un problème pour son humain

Montrez-lui comment son comportement agit sur son humain, par des mots, des images, des émotions. Expliquez-lui que ses aboiements ou miaulements sont invivables pour un humain, que ça le réveille, gêne le voisinage…Que ses pipis partout salissent et l'obligent à nettoyer sans arrêt...

Demandez-lui ce qu'il faut pour l'apaiser

Écoutez ses propositions, il aura probablement une idée claire de ce qu'il faut pour rétablir l'équilibre : Plus d'espace personnel, plus de sorties, plus de nourriture, plus d'attention et de jeux ensemble, une médication particulière (médecine douce), un changement de comportement de la part de son humain envers lui, une prise de conscience de la part de son humain sur sa propre vie (les animaux sont là aussi pour nous remettre sur les rails) …

Proposez-lui une alternative, une autre manière de s'exprimer ou demandez-lui d'améliorer son comportement

Selon ce qu'il vous a proposé de son côté, acceptez ses propositions et donnez-les à l'humain. Dans les cas où l'animal n'a pas eu de proposition, prenez la main. Vous lui avez déjà montré à quel point son comportement est compliqué à gérer et à accepter pour son humain. Il n'y a aucun doute que l'animal, se rendant compte de ça, voudra le corriger. Proposez-lui, selon les cas et votre ressenti personnel, des solutions adaptées :

- S'il a besoin de vocaliser, qu'il le fasse tout son soûl durant les promenades, ou durant les jeux.
- S'il mord, qu'il le fasse sur un bout de bois, ou avec ses jouets.
- S'il griffe le canapé, demandez-lui s'il préférerait une bûche de bois ou une planche en carton, et demandez à l'humain de s'en occuper.

Quand vous avez fait le tour avec l'animal de tout ce qui le tracasse, et que vous avez trouvé un début de solution pour l'apaiser, faites le compte rendu à l'humain. Il est important de bien lui passer le message que le changement passera aussi par lui, et qu'il doit absolument mettre en place ce que l'animal a demandé de sa part. Sinon, non seulement le comportement décalé ne disparaîtra pas de lui-même, mais l'animal, ne voyant aucune réaction, finira par mettre les bouchées doubles pour le faire réagir, et il continuera à se sentir mal.

Respecter les souhaits de l'animal

Il y a certaines fois où l'humain considère son animal comme étant capricieux, celui-ci refusant de participer ou bien d'exécuter une pratique que son humain voudrait faire avec lui. Je prends l'exemple du sport animal, pour les chiens et les chevaux. Il est bien compréhensible que les gens qui ont des animaux aient envie de passer du temps avec eux, et de leur faire faire les activités qu'eux-mêmes adorent. Et la plupart du temps tout se passe bien car les deux protagonistes sont sur la même longueur d'onde, alors tant mieux ! Mais que ce passe-t-il quand l'animal ne partage pas ou plus cette passion ? Et bien il va devenir malheureux et développer soit des comportements inadaptés soit des blessures pour réussir à s'extirper de cette activité qui lui provoque du stress. Que doit faire alors le communicateur animalier dans ces cas-là ? Tout simplement se tourner vers l'animal pour savoir comment il ressent les choses.

J'ai une fois eu une chienne qui m'a sobrement fait part de son inintérêt pour l'agility par un simple hochement de tête, comme un humain qui dirait *non*. Une jument m'a expliqué les raisons pour lesquelles elle ne voulait plus être montée : elle avait tout simplement mal au dos.

Certains animaux ne partagent pas forcément la passion de leur humain, et d'autres finissent par développer des douleurs, et il devient compliqué pour eux de suivre. Pourquoi alors les forcer ? D'autant plus lorsqu'il ne s'agit que d'un loisir. Dans vos bottes de communicateur animalier, prenez bien le soin de faire passer la voix de l'animal et de faire comprendre à son humain quand il est temps de dire stop et de trouver une nouvelle passion moins contraignante, qu'ils pourront tous les deux à nouveau partager.

S'occuper de son propre animal

De la même manière que vous lui avez déjà confié vos problèmes, vous pouvez vous occuper des siens. S'il a des problèmes de comportement, qu'il se met soudainement à agir de manière décalée, n'hésitez pas à en parler avec lui, sans énervement et sans élever la voix. L'idée est bien sûr d'utiliser les outils de la communication intuitive et de lui expliquer simplement (à haute voix ou par la pensée, comme vous le sentez) ce qui ne va pas dans son comportement, pour quelle raison, et ce que ça provoque chez vous, comme ce qu'on vient de voir.
En deuxième lieu, vous allez lui proposer une alternative : que mettre en place de votre côté et du sien pour qu'il soit satisfait, et n'ait plus besoin de faire ce qu'il fait ?

Dans le cas de son propre animal, la difficulté peut venir, pour certains, du fait qu'ils ont plus de mal à se connecter à leur animal, ou pour d'autres parce qu'il peut être compliqué de mettre ses émotions de côté et d'entendre de manière posée ce qu'il peut avoir à dire. Prenez de la distance, faites la communication quand vous êtes calme, et non pas juste après avoir pris votre coquin d'animal la main dans le sac en train de faire sa bêtise. Prenez le temps de comprendre son point de vue et de trouver ensemble une solution à appliquer. Vous verrez les changements apparaître, soit doucement, soit du jour au lendemain. N'hésitez pas à le féliciter et à le remercier et pourquoi pas à lui redemander son sentiment qui aura alors changé. Comprendre les évolutions et le déroulement permet réellement de mieux se mettre à la place des animaux.

Évidemment, tout cela se met en place à condition que votre relation avec votre animal soit belle. Ne vous retenez pas de le câliner, de jouer avec lui, de le sortir en balade, de lui dire tout votre amour, d'avoir chaque jour des moments privilégiés avec lui. Réservez régulièrement des moments libres dans votre emploi du temps pour lui, les principales causes de comportements inadéquats étant l'ennui et le manque de relation avec leurs gardiens. L'amour et le respect sont les bases de la communication animale !

6 LUI PASSER DES MESSAGES

Entendre son animal et se rendre compte de tout ce qu'il peut avoir à dire est une expérience passionnante. C'est très fort émotionnellement pour le communicateur qui reçoit les choses directement dans tout son être et bluffant pour la personne qui demande la communication et qui se rend compte de la profondeur qui entre en jeu. On se rend compte qu'on peut partager tant de choses avec notre meilleur ami. Tout est possible. Après l'avoir entendu, l'avoir aidé, soutenu, on peut se mettre à utiliser la communication animale pour lui passer des messages de toute sorte. À la fois simplement pour lui dire qu'on l'aime, ou pour le préparer psychologiquement à un quelconque changement.

Quels genres de messages peut-on passer à nos animaux ?

Un départ en voyage
Dites-lui combien de temps ça va durer, comment ça va se dérouler (il a peut-être déjà fait un voyage en voiture, rappelez-lui que ce sera pareil) et voyez s'il a besoin d'un complément en médecine douce pour l'apaiser.

Une visite chez le vétérinaire
Préparez-le mentalement à cet évènement qui est bien souvent stressant pour lui, en lui disant pour quelle raison et ce qui va se passer. Si ce n'est qu'une simple visite, dites-lui que vous resterez à ses côtés et que ça ne sera pas trop long. Si c'est pour une intervention chirurgicale, dites-lui pourquoi et combien de temps ça risque de durer…Vous pouvez en complément lui envoyer de l'énergie pour préparer sa guérison.

Un déménagement
Dans ce cas-là, prévenez-le en amont, pas au dernier moment. Expliquez-lui que toute la famille va changer de maison, et qu'il part avec vous. Il aura toute sa place là-bas. Vous pouvez très bien lui envoyer des images et des sensations de votre nouvelle habitation.

L'arrivée d'un autre animal ou de bébé
Vous pouvez très bien lui demander en amont - si vous vous posez la question d'accueillir un nouvel animal - s'il a besoin de compagnie, s'il désire avoir un compagnon, et de quel genre (espèce, sexe…). Il aura bien souvent un avis tranché sur la question. Si ce compagnon est prêt à arriver, alors expliquez aux deux à quoi s'attendre et rassurez-les.
S'il s'agit de l'arrivée de bébé, expliquez-lui ce que ça va changer pour lui, ce que vous attendez de son comportement : du calme, de la tendresse, de la protection… et demandez-lui son ressenti face à cette nouvelle.

Lui passer les messages personnels de ses humains
Les humains auront toujours des messages tendres à passer à leur petit compagnon, des messages d'amour, de pardon, de remerciement…. Assurez-vous de bien faire passer le message et de recueillir la réponse de l'animal.

7 ALLER PLUS LOIN

EN APPRENDRE PLUS SUR SES HUMAINS

On l'a vu, l'animal et son humain sont liés, ils se sont retrouvés à un point donné car ils vibraient sur la même fréquence. L'un et l'autre ont autant de choses à s'échanger et à s'apporter, au niveau physique, émotionnel et énergétique. Le réconfort d'une présence, de la compagnie, de l'amour inconditionnel, des rapports simples et sains et une évolution conjointe au niveau énergétique sont des éléments forts d'une relation animal-humain. Chacun aide et soutient l'autre à hauteur de ses moyens et de ses capacités. Il n'est pas étonnant que les amoureux des animaux les considèrent comme les égaux des humains. Il suffit d'apprendre à les connaître pour découvrir toutes leurs qualités et leurs talents. Si les animaux se sont peu à peu rapprochés de l'humanité, par curiosité ou acceptation de leur présence, c'est parce que les points communs rapprochent plus que les différences n'éloignent. Au fond, nous sommes tous les mêmes. Et c'est notre noyau commun qui nous permet d'échanger et d'aimer malgré les barrières de l'espèce. Tout ce qu'un animal en contact avec un humain demande est de vivre heureux en sa compagnie. Il voit toujours au-delà du voile, à travers la brume du langage et des comportements. Un animal ressent les vibrations aussi distinctement que vous pouvez lire ce livre entre vos mains. Il reçoit tout clairement et le transmet à nouveau sans filtre. C'est bien différent de l'être humain qui perçoit tout à travers le voile de l'égo et du mental. Difficile pour nous de voir et de comprendre nettement les choses. Et si les animaux étaient parmi nous, et si proches de nous, entre autre pour nous soutenir dans notre quête de compréhension, qu'elle soit consciente ou inconsciente ? Puisqu'ils n'ont pas ou peu de filtre, qu'ils sont connectés avec les humains, alors ils peuvent probablement tout savoir sur nous. Comment savoir jusqu'où la magie de la communication animale opère ? En connaître les limites éventuelles ou les horizons à tout le moins semble impossible au vu de nos capacités actuelles. Mais il suffit déjà de commencer pour en toucher une belle partie.

Pour mettre en lumière la subtilité de la relation d'un animal avec son humain, il est possible de poser des questions à l'animal cette fois, non à propos de lui-même, mais de son gardien. Tout en respectant toujours l'intimité des personnes, vous pouvez, à leur demande, mettre des mots sur ce qui les rapprochent de leurs animaux. C'est aussi une manière de recueillir des preuves que vous êtes en communication, car la personne pourra évidemment facilement vous confirmer ou non ce qui la concerne directement.

Prenez ces questions pour en apprendre plus sur une personne à travers le regard de son animal et pour mieux connaître leur relation :

- Peux-tu me parler de ton humain ?

- Quels sont ses traits de caractère ?

- Quel est sa plus grande qualité ?

- Qu'est-ce qu'il/elle aime faire le plus ?

- Quel est le désir de ton humain dans la vie ? À ton avis, quelle est sa voie dans la vie ? Qu'est-ce qui peut lui apporter le plus grand bonheur ?

- Peux-tu me donner un mot pour décrire ton humain ?

- Peux-tu me le/la décrire physiquement ? ***(dans le cas où vous n'avez jamais vu la personne)***

- Peux-tu me parler de votre relation ?

- Quelle est la mission que tu as avec lui/elle ? Quel est ton rôle à ses côtés ? Pour quelle raison es-tu aller vivre avec lui/elle ?

- Quelle est la principale émotion que tu ressens quand tu es avec lui/elle ?

- Quelle est l'activité que tu préfères partager avec ton humain ?

- Quel message voudrais-tu lui passer ?

- Quel conseil pourrais-tu lui donner ? Comment pourrait-il/elle s'améliorer selon toi ?

Pour chaque question, n'hésitez pas à demander à recevoir les infos par tous les canaux, expérimentez ! Avec ces réponses, vous devriez avoir un portrait assez clair et précis de cette personne, de ses aspirations et de sa relation avec son animal. Dites-lui tout ce que vous avez reçu et voyez quel est son retour. Si elle se reconnaît et qu'elle reçoit votre compte rendu avec émotion, c'est que vous avez bien capté et que la communication était précise, bravo.

CONNAÎTRE SON PASSÉ

Bien souvent, les animaux adoptés sont des adultes, ou mêmes des jeunes, recueillis dans des associations car abandonnés et vivant dans la rue, ou dans certains cas parce que leur humain est décédé. Évidemment, la plupart du temps, tout le monde ignore le passé de l'animal, et quand celui-ci à des troubles du comportement, on se doute qu'il n'a pas eu une vie facile jusque-là, mais en on ignore la nature. C'est donc plus compliqué de l'aider sans savoir sur quoi travailler, quelles sont les raisons de ses peurs, de sa difficulté à s'intégrer dans une nouvelle famille ou encore de ses problèmes physiques.

C'est là que la communication animale se révèle d'une grande aide. Il s'agit alors de mettre la lumière sur les zones d'ombre de la vie de l'animal, pour mieux le comprendre et pouvoir l'aider de manière plus ciblée.

Prenez toutes les infos de l'animal que vous avez à disposition. Que vous faut-il savoir ?

- Pourquoi il est agressif envers ses congénères
- Pourquoi il mord les humains
- Pourquoi il aboie ou miaule sans cesse
- Pourquoi il fait ses besoins partout
- Pourquoi il est dans cet état physique très faible : savoir précisément ce qu'il a au niveau médical
- Pourquoi il fugue
- Pourquoi il reste prostré dans un coin

...

Quand vous savez quel est le cœur du problème, alors mettez-vous en connexion avec lui :

Commencez par lui laisser la parole

Laissez-le dire ce qu'il a sur le cœur, ce qui est important pour lui.

Demandez-lui de vous raconter son passé

- Combien de familles a-t-il eues ?
- A-t-il vécu avec d'autres animaux ? Lesquels et quelles étaient leurs relations ?
- Était-il heureux ou malheureux avec ses humains précédents ? Pourquoi ?
- Dans quel environnement vivait-il ?
- Avait-il un endroit convenable ou dormir ?
- Pouvait-il sortir ? Son pré était-il assez grand ?

...

Demandez-lui les raisons de son mal-être, physique ou psychologique

- Pourquoi se comporte-t-il ainsi ?
- Pourquoi est-il dans cet état physique ?
- A-t-il été maltraité ? De quelle manière et par qui ?

Voyez s'il sait ce dont il a besoin

Une fois que vous avez mis en lumière son passé et que vous comprenez mieux son état actuel, voyez avec lui comment l'aider à aller mieux. Posez-lui la question et si vous avez des idées, proposez-lui. Expliquez-lui que sa nouvelle famille est un havre de paix pour lui, qu'elle l'aime et veut son bonheur. Elle est là pour l'aider. Assurez-vous qu'il comprenne bien ça.

Faites-en le compte rendu à l'humain et restez en contact avec lui pour suivre l'évolution de l'animal.

8 ANIMAL MALADE

Vous serez souvent sollicité pour venir en aide à un animal malade ou blessé. La télépathie et l'énergie ne remplacent pas la médecine vétérinaire, mais en sont absolument complémentaires. On peut tout aussi efficacement trouver l'origine physique de la douleur par contact télépathique. On le sait, puisque les animaux ne s'expriment pas dans notre langue et ne se plaignent pas en se touchant la zone douloureuse, qu'il est parfois très compliqué, même pour un vétérinaire, de comprendre le problème, de savoir quel est l'organe touché ou de deviner la maladie en cause. Avec l'aide de la communication animale, on part avec d'autres armes, plus subtiles, et avec de l'entraînement et

la connaissance de ses propres capacités, les résultats peuvent être surprenants.
Vous pouvez venir en aide à un animal mal en point en recueillant des informations sur son état de santé et ensuite en lui envoyant de l'énergie dans laquelle puiser.

Premières impressions

Avant de vous lancer corps et âme dans une discussion avec l'animal, commencez tout simplement par vous demander ce que vous ressentez en vous connectant à lui. Soit vous êtes face à lui, soit vous avez sa photo sous les yeux. Concentrez-vous sur lui et laissez les premiers mots vous venir spontanément. Il peut y avoir aussi des images, des couleurs, des sensations physiques (probablement désagréables), ou des émotions. Ça peut parfois être parfaitement suffisant, par exemple lorsque l'humain veut déjà savoir dans quelle partie du corps son animal souffre. Si vous recevez le mot « *rein* », que vous sentez des picotements dans votre bras gauche, ou encore que vous voyez l'animal boiter, vous avez déjà un bon début d'information. Faites-en part à l'humain et vérifiez avec lui.

Lui demander

Il est tout à fait possible de lui demander directement de quoi il souffre. Par contre, il faut bien que vous gardiez à l'esprit que les animaux n'ont pas la connaissance universelle et qu'ils sont en plus en train de souffrir, donc les informations pourront ne pas être complètes et il ne vous dira probablement pas le nom scientifique de sa maladie. À vous de recueillir tout ce que vous pouvez et de recréer le puzzle. L'idéal dans le cas d'un animal souffrant est de faire des communications à plusieurs, car chaque communicateur reçoit toujours sa propre pièce du puzzle et il est facile de recouper les informations. On peut aussi facilement être sûr qu'on est dans le juste si les réponses de tout le monde vont dans le même sens.

Pour lui demander directement, il suffit de se connecter à lui de manière classique, et de lui poser les questions suivantes :

- Où as-tu mal ? Dans quelle zone, quel organe, quel membre ?
- Comment est ta douleur, peux-tu me la décrire ?
- Comment t'es tu fais mal ? Depuis quand es-tu malade ?

Recevoir physiquement

Il est possible de recevoir des infos sur son propre corps. Certaines personnes reçoivent naturellement de cette manière, d'autres pourront le demander si elles le souhaitent. C'est un exercice à utiliser uniquement pour avoir une info rapide, de manière ponctuelle, car il peut avoir des désagréments. Quand on se connecte au mal de quelqu'un d'autre, on peut en prendre sans le vouloir une partie sur nous-même donc il faut savoir se protéger. Il y a également des personnes qui peuvent refuser tout simplement de recevoir par ce biais, parce que c'est douloureux, et il faut alors bloquer ce canal, en refusant clairement de recevoir comme ça. Affirmez votre décision de manière claire dans votre tête en disant à l'animal de ne pas partager sa douleur de manière physique. Vous pouvez aussi renforcer votre bulle de protection.

Si vous acceptez ponctuellement de recevoir de cette manière, alors l'animal peut vous montrer de manière directe où et comment il a mal.

Scan physique et mental

Pour ceux qui ont des mains sensibles à l'énergie, utilisez les pour scanner directement le corps de l'animal s'il est devant vous, ou depuis sa photo. Ouvrez vos mains et placez les au dessus de sa tête, en l'effleurant sans le toucher. Essayez de ressentir les courants d'énergie et d'être très réceptif aux variations. Doucement, baissez les ensemble tout le long du corps de l'animal, vers la queue puis sur le ventre et sur chacune des pattes. Dès que vous sentez un changement sous vos mains, que ce soit une chaleur plus intense, ou au contraire du froid, des vibrations ou des picotements, ou encore une sensation de passer dans un courant d'air, alors vous avez trouvé la zone sensible. Affinez et confirmez avec vos autres ressentis ou en lui demandant directement.

Il existe une autre manière de scanner, de manière visuelle et mentale, sans le faire sur l'animal, ce qui peut s'avérer utile s'il est inapprochable, énervé ou tout simplement trop petit ou trop grand. Fermez les yeux et visualisez l'animal. Vous pouvez faire l'exercice en restant à l'extérieur de son corps, ou en vous imaginant rentrer à l'intérieur comme une sonde. Partez de sa tête et imaginez que vous ressentez tout ce qu'il ressent. Faites le tour de son corps en essayant de ressentir physiquement ou encore en demandant à « voir » la douleur, en vous la représentant par des zones rouges par exemple. Trouvez votre propre méthode, au fil des essais.

Faire le lien avec la santé de l'humain

Nous l'avons vu plus haut, les animaux évoluent en rapport très étroit et intime avec leur humain. L'expérience montre (à défaut de preuve scientifique pour l'heure) que la maladie est une manière comme une autre de communiquer. Le langage des oiseaux le traduit par « le mal à dit », ce qui montre bien que ce n'est ni anodin, ni sans signification. Quand le corps commence à se dérégler, c'est qu'il appelle au secours. Le problème, c'est qu'on a depuis longtemps perdu le traducteur universel et qu'on a oublié cette évidence. Être malade, c'est recevoir un appel à se recentrer sur un point précis de sa vie, pour pouvoir soigner le corps et surtout cette partie de notre vie qui n'est plus sur les bons rails. Les animaux, qui ont comme on l'a vu ce rôle dévoué et de la plus grande générosité de veiller sur nous pauvres humains fragiles, vont « utiliser » de manière énergétique leur propre corps également pour nous passer des messages. Ils peuvent aussi, dans l'autre sens, agir comme des éponges pour nous délester de notre poids.

Quand un animal est malade, il faut le soigner, mais également passer une tête du côté de son humain, car il va forcément y avoir un rapport évident ou un lien subtil entre les deux protagonistes. Pour le comprendre, on s'y prend comme lors des problèmes de comportement, en demandant à l'humain de faire un lien avec sa propre santé, ses propres faiblesses physiques et sa vie actuelle. Le rapport est toujours plus compliqué à faire dans le cas de la santé, car c'est un sujet éminemment subtil et même obscur. Aidez-vous d'un dictionnaire de décodage biologique pour comprendre les liens entre maladie et causes, ça devrait vous donner des informations solides. Bien sûr, si vous n'arrivez pas à comprendre le lien, alors n'allez pas plus loin et contentez-vous de donner les infos que vous avez recueillies et de faire un soin à l'animal s'il le souhaite.

J'ai un jour eu un contact avec une personne qui était dans un grand désarroi car ses animaux tombaient gravement malades les uns après les autres. L'un de ses chevaux avait dû être euthanasié suite à une paralysie, son second cheval depuis ne se laissait pas toucher et rentrait dans des états agressifs et l'un de ses chiens s'était retrouvé du jour au lendemain bloqué des pattes arrières, en paralysie lui aussi ! En grattant un peu auprès de l'humaine, je découvre qu'elle aussi fait face à de graves problèmes de santé qui s'enchaînent les uns après les autres, sans parler des complications dans ses relations familiales. Évidemment, dans un tel cas, où la personne vient d'abord à moi pour ses animaux, je me vois dans l'obligation de me tourner en priorité vers elle. Il faut d'abord aider à décoincer les gros blocages dans sa vie et sa santé, et l'aider à passer au-delà de ses propres pensées limitantes. C'est un cas très parlant du lien énergétique très fort entre membres d'une même communauté émotionnelle, qui baignent tous dans le même bain. Il faut remonter à la source pour que l'eau deviennent plus claire pour tout le monde.

Faire un soin

Il y a différentes façons d'administrer un soin énergétique à un animal. Pour commencer, si vous avez des dons en magnétisme, ou que vous êtes formé au reiki, vous pouvez en faire usage.

Si ce n'est pas le cas, pas de panique car tout le monde est capable d'envoyer de l'énergie.

Tout d'abord, demandez-lui si un soin énergétique serait bénéfique pour lui, et s'il en désire un de votre part. S'il répond par la négative, ne le prenez pas personnellement, il a toute confiance en vous mais à ses propres raisons que vous pouvez lui demander. Questionnez-le aussi sur ce qu'il veut et ce qui serait utile à son rétablissement. Si vous êtes capable de lui donner ce qu'il souhaite, faites-le, sinon parlez-en à son humain qui devra se tourner vers le professionnel compétent.

Pour lui prodiguer un soin énergétique, préparez-vous comme une communication classique, en vous protégeant et en appelant l'animal en face de vous dans votre bulle. Laissez-le s'installer à son aise et concentrez-vous sur votre chakra du cœur. Faites-le vibrer jusqu'à le sentir chauffer dans votre poitrine. Faites ensuite sortir un tube de lumière verte ou dorée qui va aller englober l'animal dans sa totalité. Un fois qu'il est entouré d'une belle bulle de lumière, envoyez l'énergie contenue dans votre chakra du cœur à travers le tube jusqu'à l'animal. Sentez que vous lui envoyez de l'amour et de la guérison. Visualisez-le en pleine santé.

Continuez aussi longtemps que nécessaire. Quand vous voyez que l'animal commence à bouger, qu'il se relève ou qu'il part tout simplement, vous avez donné tout ce qu'il y avait à donner. Vous pouvez refermer votre bulle, vous purifier, et rouvrir les yeux. Si l'animal est devant vous, vous verrez peut-être déjà une différence dans son comportement, sinon, n'hésitez pas à demander des nouvelles régulièrement à son humain pour suivre l'évolution de votre protégé.

9 ANIMAL EN FIN DE VIE

Vous vous retrouverez un jour, c'est inévitable, dans le cas d'un animal qui n'a plus de chance d'être sauvé (hors miracle car après tout, tout est possible). Ce sera donc un moment où vos capacités serviront cette fois uniquement à apaiser et à aider au passage ultime, afin qu'il soit le plus léger possible. C'est un cas très dur émotionnellement, d'où la nécessité d'apprendre à vous détacher et à ne pas prendre le cas personnellement. Vous devez vous attacher à rester neutre pour offrir votre force à la fois à l'animal et à l'humain qui sera en grande détresse émotionnelle. Sachez trouver les mots justes, ce qui peut toujours paraître un peu compliqué dans ces situations là, mais il est important de savoir vous adapter à la sensibilité de chaque personne, et bien sûr à ne pas être trop brutal dans vos annonces et dans la manière dont vous pouvez passer le message de l'animal. Ce sont des moments très fragiles, qui sont à ménager. Malgré tout, il est de votre « devoir » d'être la voix de la raison, et surtout de bien respecter le vœu de l'animal, car c'est pour lui que vous êtes là. Gardez bien en conscience que l'animal est en souffrance et qu'il est question ici de l'assister et de l'aider à partir.

Je me suis retrouvée bien des fois dans la même situation, celle de l'humain qui lutte de tout son amour pour ne pas être séparé de son animal. C'est la chose la plus dure, l'expérience la plus redoutée, personne ne peut les blâmer. Seulement, la réalité est que l'animal en question était toujours tiraillé entre deux feux, d'un côté celui de l'appel de la nature et le bien-être de sa propre délivrance et de l'autre la peur de rendre son humain malheureux. Le lien qui lie un humain à son

animal est si puissant qu'il peut retenir ce dernier lorsqu'il est temps pour lui de partir en paix et faire durer sa souffrance inutilement.
J'ai un jour eu une petite chienne à aider à partir, Lira. Son humaine l'avait emmenée chez le vétérinaire pour l'euthanasier mais s'est ravisée au dernier moment. La chienne restée à la maison, la gardienne n'osait jamais la laisser seule. L'état de Lira empirait malheureusement. Son humaine me confiait qu'elle était terrorisée de la laisser seule et osait à peine aller chercher ses enfants à l'école. Quand elle a fini par y aller, en revenant, la chienne était morte. Elle avait choisi de partir loin du regard de ses humains, car la mort est un processus hautement personnel, et chacun de nous a besoin de le vivre selon ses désirs. Il a donc fallu à Lira une aide pour couper les liens qui la retenaient douloureusement à une fin de vie vécue dans la souffrance physique, afin qu'elle ait la permission de partir.

L'expérience que j'en retire est que nous humains n'avons pas le même rapport à la mort que les animaux. Pour eux, ça fait partie du processus de la vie, c'est naturel et ça doit bien arriver un jour ou l'autre. De notre côté, nous sommes incapables d'accepter sereinement le départ d'un être aimé car nous le voyons uniquement comme un adieu définitif, brutal et injuste. En tant que communicateur animalier, votre rôle sera aussi celui d'être un intermédiaire dans les moments les plus durs, autant pour l'animal que pour les humains. Évidemment, dans le cas d'un animal qui souffre, vous devez chercher à savoir ce que lui désire, même si cela - et ça le fera - brisera le cœur de son humain. La mort étant inévitable, tâchons lorsqu'on en a même l'infime pouvoir, de la faire venir dans les meilleures conditions. Dans ces cas extrêmes, il est important d'être présent des deux côtés, en aidant l'animal à souffrir le moins possible et en assistant l'humain dans cette dure épreuve.

Demander à l'animal s'il est prêt à mourir

Parfois un animal nous semble si mal en point qu'il est évident qu'il est proche de la mort. Et parfois, au contraire, il va très mal mais s'accroche étonnamment bien à la vie. Il faut alors, en tant que communicateur, commencer par se mettre en contact avec lui pour savoir où l'animal se situe et pour quelles raisons. Il est le seul à savoir ce qui est bon pour lui. Posez-lui la question de savoir s'il est prêt à mourir (utilisez les mots francs de « mort » et « mourir », afin d'être sûr de bien vous comprendre l'un et l'autre), s'il le désire ou s'il ressent qu'il peut être soigné. Dans le dernier cas, reportez-vous au chapitre précédent sur le soin et bien sûr, conseillez à l'humain de continuer à voir le vétérinaire. Bien sûr, si vous n'êtes pas certain d'avoir bien reçu le message sur une question aussi cruciale, dites votre incertitude à l'humain et proposez-lui de faire appel à un second communicateur, pour recouper les réponses.

Ne vous précipitez jamais pour donner une réponse sur l'euthanasie, et dans le doute, dites à l'humain qu'il est préférable d'attendre et de laisser faire, en attendant par exemple d'avoir un deuxième avis en communication. Beaucoup de personnes considèrent que dès qu'un animal est trop mal en point, il faut « abréger ses souffrances ». Je pense que seul l'animal a la réponse quant à son propre devenir et à sa propre fin, et qu'on ne fait pas la même chose avec les humains ! Il est évident que la souffrance n'est pas désirable, mais elle fait partie de la vie et des expériences à passer, ainsi certains animaux peuvent choisir de passer par cette étape et de laisser à la nature le soin de prendre les choses en main. Tous les cas de figures sont possibles, ne les regardez pas à travers vos propres filtres, que vous soyez le communicateur ou le gardien de l'animal, et laissez-lui son libre arbitre.

Lui demander ce dont il a besoin

Une fois qu'il est acté avec certitude par l'intéressé lui-même que sa mort est inévitable, la seule chose qu'il reste à faire est bien évidement de l'assister au mieux dans cette dure étape. Prenez le temps de voir avec lui ce dont il a besoin, ce qu'il désire, que ce soit en termes de soins, de nourriture, de compagnie ou quoi que ce soit d'autre. Les animaux aussi ont des dernières volontés et elles sont en général très précises. S'il vous explique que son humain est trop attaché et qu'il n'ose pas le laisser derrière lui, alors vous devez aider à couper le lien. Parlez-en d'abord à l'humain en lui expliquant que son animal est retenu et qu'il est temps de le laisser partir. Vous pouvez les aider tous les deux en faisant une petite méditation.

Imaginez un fil d'argent qui relie les deux chakras du cœur de l'animal et de son humain. Armez-vous de ciseaux magiques et venez couper ce lien en retenant les deux bouts. Puis faites partir ces deux fils vers le ciel, afin qu'ils y restent attachés. Les deux êtres sont à présent unis ensemble à travers l'univers.

Vous avez aidé à couper l'attachement (côté négatif et égoïste de l'amour) en le remplaçant par l'amour universel.

Lui demander son message pour les humains et lui donner le leur

Il aura probablement un dernier message à vouloir faire passer à sa famille humaine, et vice versa. Recueillez le message de l'animal et demandez à ses humains ce qu'ils veulent lui dire et lui faire savoir.

Lui envoyer de l'amour

Vous pouvez procéder de la même manière que l'exercice du chapitre précédent où nous avons vu comment faire un soin énergétique à un animal souffrant. Faites de même en envoyant de l'énergie d'amour, aussi longtemps que l'animal en ressentira le besoin.

Lui montrer la lumière

Quand tout est prêt, que tout a été dit entre humain(s) et animal et que ce dernier se sent prêt, vous pouvez l'assister dans son départ, même en avance. Cette méditation l'aidera à se préparer, c'est ensuite à lui de décider quand partir.

Retrouvez le dans votre bulle et entourez le d'amour. Imaginez une porte un peu plus loin, à la taille de l'animal, toute blanche. Faites la s'entrouvrir tout doucement. De la lumière éclatante et apaisante s'échappe de l'embrasure. Passez-lui le message que cette porte est toute à lui, qu'elle a été créée à son intention. Voyez la porte qui s'ouvre complètement et qui est baignée de lumière. Vous ne voyez rien de ce qu'il y a de l'autre côté, car c'est tout illuminé. Trouvez vos mots pour lui expliquer que cette porte va l'aider à passer de l'autre côté, quand il sera temps pour lui de mourir. Rien ne presse, elle reste ouverte pour lui. C'est à lui de choisir quand passer par cette porte. Voyez ce qu'il fait. Soit il choisit d'y aller tout seul, soit vous pouvez attendre quelque temps avec lui, avant de lui expliquer que vous devez y aller, mais que cette porte reste disponible pour lui. Faites- le sortir de votre bulle, purifiez-vous et ouvrez les yeux.

10 ANIMAL DÉCÉDÉ

La mort laisse un grand vide derrière elle, tout autant lorsqu'il s'agit d'un animal. Elle est incompréhensible et inacceptable pour les humains. Le travail d'un communicateur animalier va aussi sur cette voie et il est évidemment nécessaire d'être ouvert à cette idée et de ne pas se sentir mal à l'aise - ou pire - face à ça. Si vous ne vous sentez pas à l'aise, ou tout simplement que la vie après la mort n'est pas un concept qui vous parle, refusez de faire ce genre de communication. Il n'y a aucune obligation pour un communicateur, il faut rester dans la maîtrise et le respect de soi. Après tout, rien ne dit que dans quelque temps vous n'aurez pas complètement changé de point de vue sur ce sujet, tout comme sur un autre d'ailleurs. Vous verrez si vous ne le savez pas encore que la pratique d'une technique énergétique bouleverse complètement votre vie et toutes vos certitudes. La pratique de la communication intuitive avec un animal décédé peut servir à deux choses. Il s'agit principalement d'apaiser la douleur des humains qui ont perdu leur précieux ami en leur permettant d'entendre son dernier message. La mort, aussi définitive physiquement soit-elle, ne semble pas être la fin de tout, et il est possible de rester en contact avec nos animaux envolés. Ils sont toujours là, autour de nous, prêts à nous aider dès qu'on leur en fait la demande. Il est possible de leur demander leur dernier message ou de faire appel à nos propres animaux décédés, lors d'une autre communication par exemple.

Et pourquoi pas, profiter d'être en communication avec un être d'une autre dimension pour en apprendre plus sur cet autre état inconnu.

Quand un animal meurt, on ne sait pas vraiment voire pas franchement ce qui se passe et ce qu'il devient. Ce qu'on sait, c'est qu'il est possible de communiquer avec sa conscience, car elle reste à tout jamais en contact avec ce qu'elle a été dans sa vie sur Terre. Vous pourrez donc durant toute votre vie rester en contact avec votre ami. Ce que je conseille dans ce genre de communication, c'est de le laisser s'exprimer et de s'en tenir à un minimum de questions, car comme je l'ai dit, on ne sait pas ce qu'ils peuvent vivre une fois de l'autre côté, sans parler du fait que chaque âme fait son propre voyage et que certaines peuvent être moins « disponibles » que d'autres.

Communiquer avec la conscience d'un animal décédé n'est pas une communication classique, n'oubliez pas de bien vous préparer et de vous protéger dans votre bulle de lumière, pour ne pas attirer les indésirables.

Lui demander quel est son message

Écoutez tout ce qu'il peut avoir à dire, que ce soit par rapport à lui-même, sur la manière dont il se sent, comment il a vécu sa mort. Quand il vous a dit tout ce qu'il avait sur le cœur, alors vous pouvez lui demander quel message il a à passer à ses humains. S'il y a des choses qui semblent importantes pour ces derniers, comme par exemple savoir la vraie raison de sa mort, s'il a souffert etc, vous pouvez lui demander.

Lui poser des questions sur son état actuel

Vous pouvez poser ces questions à vos propres animaux également.

- Comment ressens-tu la vie après la vie ?
- Est-ce que quelque chose de ton ancienne vie te retient sur Terre ?
- As-tu des regrets ?
- Que retiens-tu de ton ancienne vie ?
- Où es-tu actuellement, peux-tu me décrire l'endroit ?
- Qui as-tu retrouvé ? Avec qui es-tu ?

11 ANIMAL PERDU

Un des motifs les plus récurrents de consultation est la fuite ou l'égarement d'un animal. Ce qui parait logique, puisque la communication intuitive semble la mieux équipée pour aider dans ce genre de situation. C'est très compliqué pour un humain qui ne pratique pas la communication animale de se mettre dans la peau d'un animal, même le sien, et d'imaginer où il aurait bien pu aller. Et surtout ce qui a pu se passer exactement. Car les causes de la disparition soudaine d'un animal sont multiples et inquiétantes. Il peut avoir été volé, dans quel cas il est quasi impossible de le retrouver même en sachant dans quel quartier chercher, car alors comment faire avouer à des voleurs qu'ils ont volé ? Évidemment, dans ce cas-là, les gens ne vont pas être coopératifs. Dans le cas où un animal s'est égaré, disons qu'il vient d'arriver dans une nouvelle maison et qu'il n'a pas eu le temps de faire ses marques et, suite à une peur, s'est enfui. Il a pris des chemins qu'il ne connaît pas et le voilà perdu dans un environnement étranger. Un autre cas de figure peut être un animal parti volontairement. Il y a toujours une raison derrière ça, à creuser. Dans ce cas-là, l'animal a un message à faire passer à ses humains. Il arrive souvent, je l'ai vu par expérience, que ce soit lié à l'ambiance à la maison, particulièrement si les relations sont tendues entre le couple. L'animal peut alors décider de partir pour illustrer la disruption qu'il existe au sein du foyer. La méthode à adopter ici, en plus de la recherche, est alors de chercher à apaiser les relations pour que l'animal ait envie de revenir car son message sera alors passé.

Dans tous les cas, il faut bien comprendre que retrouver un animal perdu est une chose ardue et a peu de chances statistiquement d'aboutir. Il faut évidemment d'abord mettre en œuvre les moyens classiques, mettre des affiches dans le quartier, en parler aux voisins, leur demander s'ils l'ont vu passer, poster une annonce sur les réseaux sociaux.

Pourquoi est-ce qu'il est difficile d'avoir de bons résultats dans la recherche d'un animal perdu ? Ça tient à plusieurs facteurs. D'abord, l'animal, s'il est parti sous l'effet de la peur, se retrouve perdu lui-même et dans un état de grande nervosité. Difficile alors d'avoir une communication claire, fluide et apaisée. Ce sera bien plus compliqué d'avoir des informations complètes ou parlantes, parce qu'il va vous envoyer les choses de son propre point de vue, avec ses possibilités actuelles, qui sont réduites et floutées par le stress. Ensuite, un animal est souvent en mouvement, d'autant plus lorsqu'il cherche sa route. Il faudra donc faire plusieurs communications régulièrement pour pouvoir le suivre, car les infos vont changer régulièrement. Si vous envoyez les humains vers le pré à vaches près de chez eux que vous venez d'apercevoir, et qu'entretemps leur animal a déjà bougé, il va falloir vous reconnecter et remettre vos infos à jour. Il sera peut-être cette fois à l'orée du bois. Et évidemment, dans ce cas de figure, on peut recevoir bel et bien l'info d'une forêt, mais où exactement ? C'est bien beau de voir des arbres, mais ce n'est pas très précis pour une recherche. Il peut alors devenir appréciable d'avoir un pendule pour affiner les recherches à partir d'une carte. Enfin, je vous l'ai dit précédemment, certains animaux partent pour une raison précise et le fait d'avoir disparu de la maison est tout l'enjeu de leur action. Ils l'ont décidé et peuvent ne pas avoir envie de rentrer tant que le problème n'est pas réglé. Impossible alors de le forcer à quoi que ce soit, c'est sa volonté. Il faut alors tenter de faire comprendre aux humains ce qui se passe et en quoi tout repose sur leurs épaules. C'est une épreuve très compliquée, car en plus d'avoir perdu leur précieux animal, ils se retrouvent face à quelqu'un qui se « permet » de rentrer dans leur intimité et de leur expliquer que leurs manières d'être et de vivre n'est bonne pour personne. Il faudra alors sortir toute votre panoplie du parfait petit diplomate.

Dernièrement, il faut aussi faire face à la dure réalité, un animal qui a disparu peut malheureusement tout simplement être mort. Vous vous retrouverez alors face à deux cas de figure, celui où l'animal sait qu'il est mort, auquel cas il vous enverra l'information, et celui où la mort a été si rapide ou brutale que l'animal n'en a pas pris conscience. Il continuera alors à vous envoyer des informations comme s'il était toujours vivant et il peut être très compliqué dans ce cas-là de le deviner. Et tout ça, sans oublier le stress et l'urgence des humains qui peut avoir tendance à être contagieux et nous gêner dans notre concentration. Toutes ces raisons font que cette branche de la communication animale est celle qui, malgré les demandes, se retrouve face au plus d'échecs. Quand est venu le temps d'utiliser la communication animale pour entrer directement en contact avec lui, plusieurs pistes sont à explorer :

Savoir s'il est vivant ou mort

Si oui, l'aider à rejoindre la lumière. Lors d'un choc trop violent qui a conduit à leur mort, certains animaux ne se sont même pas rendu compte qu'ils étaient passés de l'autre côté. On se doute bien alors que ce n'est pas une situation positive et qu'on a alors affaire à une âme errante. La première chose à faire est de rentrer en communication avec lui pour lui demander si il est vivant ou mort. S'il vous dit qu'il est mort, pas de doute. Pour le savoir, il vous le dira selon votre manière de recevoir, que vous découvrirez peu à peu. Soit par une explication claire, soit par un contexte particulier, une lumière tamisée, du noir et blanc, l'animal de dos ou lointain… Dans ce cas, demandez-lui s'il sait où se trouve son corps, ce qui lui est arrivé et si vous pouvez faire quelque chose pour lui.

S'il vous dit qu'il est vivant, sans preuve du contraire, partez du principe que c'est le cas et passez aux questions suivantes.

Savoir s'il est blessé, en danger, s'il a faim, soif ou froid

Commencez par vous inquiéter de sa santé actuelle.

- Es-tu blessé ? En danger ? As-tu besoin d'aide ?
- As-tu faim, soif ou froid ?

Retrouver sa trace

Essayez de retrouver sa trace en le questionnant. Notez tout ce qui vous parvient : mots, sensations, odeurs, bruits, images...

- Sais-tu où tu es ? Depuis combien de temps es-tu parti, et par où ?
- Est-ce que tu peux rentrer par toi-même ? Peux-tu rentrer par le même chemin ?
- Que perçois-tu ? Que sens-tu ? Qu'entends-tu ? Montre-moi ce que tu vois.
- Est-ce qu'il y a des animaux ou des gens autour de toi ?

Avec les infos que vous avez reçues, partagez-les avec les humains qui auront probablement une idée de l'endroit où il est ou du chemin qu'il a pris. Vous aurez probablement besoin de réactualiser les infos à mesure des recherches, une fois que les gens seront sur place et qu'ils ne le verront toujours pas. Essayez alors d'affiner et de dire à l'animal de ne plus bouger de l'endroit où il se trouve, car ses humains ne sont pas loin.

Le relier à un fil d'argent

Visualisez-le et faites partir un fil d'argent depuis son cœur jusqu'à sa maison ou le cœur de son humain. Expliquez-lui qu'il n'y a plus qu'à suivre ce fil pour retrouver son chemin.

Le cas du vol

Si vous savez par les humains qu'il a été volé, ou qu'ils s'en doutent, alors essayez d'avoir le maximum d'infos de la part de l'animal.

- Connais-tu la personne avec qui tu es parti ?
- Connais-tu l'endroit où tu es ? Peux-tu me montrer ce que tu vois ?
- Que sens-tu ? Qu'entends-tu ?
- Peux-tu me montrer les gens que tu vois ?

Avec certaines de ces informations, il est possible de trouver un quartier, une rue, parfois même un immeuble quand l'endroit n'est pas trop loin de chez soi. Mais il est très difficile de réduire à une seule maison, à part si elle a un caractère très reconnaissable. Et encore une fois, si l'animal est enfermé, difficile de faire avouer au voleur qu'il le détient ou de faire comprendre à la police que vous avez eu des informations par télépathie.

Lui demander pourquoi il est parti

Vous pouvez aussi lui poser la question de la raison de son départ. Si c'est par un acte volontaire, alors essayez de creuser et d'avoir la raison précise. Il arrive bien souvent que ce soit lié à l'ambiance dans le foyer, auquel cas il faut tenter d'apaiser les tensions pour lui donner envie de revenir. Même absent, il ressentira les changements. Si rien n'est fait, alors il pourra tout simplement choisir de rester au loin. Dans certains cas, l'animal peut aussi partir simplement parce que la mission qu'il avait avec vous est achevée, et qu'il a quelqu'un d'autre à aider. N'en soyez pas triste, il est en bonne santé et a choisi sa propre voie.

Il est retrouvé mort

Dans quelques cas extrêmes et malheureux, l'animal peut être retrouvé mort. Dans le cas où il n'était pas au courant lui-même, connectez-vous à lui, et apprenez-lui la nouvelle. Vous devrez ensuite l'aider à passer en douceur dans la lumière. Faites la méditation de la porte comme vue au chapitre sur l'animal en fin de vie.

IV LES OBSTACLES ET LES PREUVES

Message de l'esprit du chêne :

« Je suis l'alpha et l'oméga. Je guette. Pas de panique, quelques blessures qui font ma force. Mon univers est un lac transparent dans lequel je plante mes racines immenses. L'âme du monde est inscrite dans mon écorce, je la mets à disposition de tous ceux qui veulent se redécouvrir. »

1 LES OBSTACLES

Une pratique assidue de la communication animale va vous mener sur des chemins nouveaux, que vous n'avez pas encore parcourus. Une nouvelle pratique met en lumière ce qui est resté caché chez vous, vous découvrez alors que vous êtes capable de choses impensables jusqu'à présent et que vous pouvez aller bien plus loin encore. Seulement, ces possibilités vous semblent en ce moment plus relever de la théorie et restent loin à l'horizon. Pourquoi est-ce qu'il est si difficile quand on commence à pratiquer la communication animale d'être sûr de soi et d'atteindre ses objectifs ? Tout d'abord, tout simplement parce que vous êtes dans une situation d'apprentissage et qu'il est normal d'avoir des étapes à passer pour atteindre la maîtrise, comme dans tout domaine ! Quand on commence la communication animale, il est bien normal d'être impatient d'avoir des résultats concrets et de se sentir infaillible. À la fois pour notre propre plaisir et notre joie d'être capable de discuter librement avec les animaux, mais aussi en réaction au regard des autres. On le sait, il est très compliqué de parler de certains sujets avec certaines personnes et en particulier de tout ce qui touche aux sciences encore non expliquées. Il y a encore quelques siècles, toute personne qui parlait aux animaux était considérée comme une sorcière (ou un sorcier) et son sort si elle se faisait remarquer n'était pas vraiment enviable. Aujourd'hui, on peut en parler plus librement, puisqu'on ne joue plus sa vie, mais malgré tout, les réactions ne sont pas toujours aussi chaudes qu'on l'espérerait. Si avant les pratiques énergétiques étaient considérées comme relevant de la sorcellerie, de nos jours elles sont plutôt associées sinon à du charlatanisme, au minimum à du mensonge ou de la poudre aux yeux. On se heurte assez rapidement au jugement des gens qui se réfèrent uniquement à ce qu'on leur a inculqué et n'ont pas forcément envie de chercher à découvrir de nouveaux horizons par eux-mêmes. Les réactions auxquelles tous les communicateurs animaliers se heurtent plutôt deux fois qu'une vont de la moquerie au rejet en passant par le scepticisme. Autant vous y habituer de suite. Il est certain qu'au début vous ressentirez une certaine appréhension à en parler autour de vous, ou du moins à aller dans les détails, par peur du ridicule ou d'être pris pour un fou. Et puis parfois, vous aurez le plaisir de tomber par hasard sur quelqu'un qui y croit et qui parfois le pratique aussi et vous aurez de longs échanges passionnants et inattendus. Dans ces moments-là, votre confiance sera reboostée car forcément, plus nombreuses sont les personnes qui croient au pouvoir de l'intuition, plus notre certitude s'affermit et plus on profite de leur expérience à elles qui nous donnent du recul et d'autres perspectives. Et on se rend compte alors que l'avis de ceux qui n'y croient pas ne font pas la pluie et le beau temps et ne vont pas nous empêcher de nous accrocher. Bien sûr, tout le monde a son avis - et rien ne dit que certaines personnes ne peuvent pas en changer - et l'important est ce que vous, vous pensez à l'intérieur de vous. C'est ce qui doit vous nourrir et vous faire avancer. Car bien sûr, au final, quand y réfléchit bien, ce qui nous freine ce n'est en réalité pas ce qui vient de l'extérieur. Certaines choses sont parfois contre nous et pourtant, comme on y croit dur comme fer, on arrive à passer outre et à les dépasser, par la force de la volonté. A contrario, quand on n'est pas sûr de soi, difficile d'atteindre nos objectifs. Regardez bien à l'intérieur de vous-même, et rendez-vous compte que vous êtes votre propre obstacle.

Pourquoi ? Parce qu'on passe tous notre vie à douter de nous-même et que ce doute devient encore plus évident quand on se met à travailler sur nos ressentis. Il est très dur de laisser tomber ses barrières, ses fausses croyances, sa logique, ses peurs et de se mettre à se faire confiance, et à être fier de soi et de son parcours. Dans la vie de tous les jours - parce qu'on y a été conditionné depuis notre naissance - on fait constamment attention à ce qu'on fait, et surtout à l'image de soi qu'on donne aux autres tout en s'interdisant de sortir des sentis battus. Il faut savoir en commençant à pratiquer la communication animale que le plus gros défi, c'est celui-là : laisser tomber les barrières qu'on a érigées nous-mêmes à travers notre éducation, notre environnement et notre mental. En mettant en lumière de manière précise les difficultés auxquelles on est confronté permet de mieux se rendre compte de ce qui nous bloque et de mettre en place les bonnes méthodes.

Voyons en détails comment se concrétisent ces obstacles :

On s'auto-censure

Quand on vit en société, on vit sous le regard des autres donc on fait attention à ce qu'on dit, à ce qu'on fait et à l'image qu'on donne. Alors dire aux gens autour de nous qu'on parle aux animaux peut être un énorme frein ! Évidemment, on peut passer pour un fou, un décalé et personne n'aime être jugé et pris au ridicule. Et même entre stagiaires en communication animale, on n'ose pas avoir l'air bête ou prendre le risque de se tromper ou de dire une énormité. La peur de prendre la parole devant un groupe, d'être jugé, de se mettre à nu, la crainte de prendre le risque de dire des énormités et d'avoir « des mauvaises notes » … tout ça nous coupe souvent dans notre élan. Ce qui se passe alors est qu'on est tenté d'omettre volontairement certaines informations, ou plus dommage encore, on peut prétendre n'avoir rien reçu. De la même manière, lorsqu'on se retrouve en face de l'humain à qui on doit faire le compte rendu de notre séance, il est parfois compliqué de se jeter dans le grand bain et de lui affirmer haut et fort tout ce qu'on a cru recevoir.

Si vous ressentez des blocages à ce niveau-là, vous allez probablement avoir besoin de quelques preuves avant de vous sentir de plus en plus à l'aise et oser vous affirmer. Elles arriveront peu à peu au travers de chaque nouvelle communication, mais pour les recevoir, vous allez bien devoir aller au devant d'elles en demandant aux personnes de vous corriger. Vous pourrez de cette manière faire votre auto bilan, voir ce qui marche bien pour vous, par exemple si un canal de réception est plus efficace pour vous et reçoit plus de pourcentage de réussite. Accrochez-vous à ce qui vous donne de bons résultats et voyez ce qui au contraire est plus faible. Ne vous dites pas que ça ne marche pas, mais tout simplement qu'il faut voir ces éléments sous un autre angle et les retravailler.

Partez toujours sûr de vous et confiant dans vos résultats. Ne censurez rien, ne tronquez pas vos notes, donnez les entières aux humains qui seront les seuls juges de ce qui se rapporte à leur propre animal. N'ayez pas peur du vide !

On ne croit pas ce qu'on reçoit

Dès qu'on émet l'intention de recevoir, on reçoit, c'est automatique. Et pourtant, on en doute toujours. La plus grande barrière qu'on se met tout seul quand on est débutant est de douter de ce qu'on reçoit et même du simple fait qu'on reçoit effectivement. On voit des images furtives, on entend des mots par ci par là, on reçoit une odeur, mais on se censure tout seul en se disant que ce n'est que notre mental et notre imagination. Effectivement, le cerveau marche tout le temps, donc on a constamment des pensées et des images en arrière-plan, il suffit de fermer les yeux pour les voir passer. Il faut donc savoir faire le tri entre nos propres pensées et ce qu'on reçoit de l'extérieur et c'est vrai que c'est un travail ardu et qui n'est pas gagné d'avance. Il faut constamment y travailler et pour ça, il faut avoir les bonnes méthodes.

Pour commencer, il faut se mettre dans l'idée que dès qu'on se connecte à l'animal et qu'on est dans cette intention, alors la connexion est faite et la réception est activée. Dites-vous que c'est une certitude et que cette règle marche toujours et se met en place d'elle-même dès que vous vous connectez. Une fois que c'est fait, vous allez donc commencer à recevoir ses informations à lui. Il faut donc que vous vous mettiez dans une attitude attentive, réceptive et ouverte. Commencez par vous dire que les infos reçues sont véridiques et acceptez les telles quelles. C'est certain qu'en même temps, en arrière-plan, vous allez continuer à recevoir et percevoir vos propres pensées, mais vous allez apprendre à être plus réceptif aux intuitions venant de l'animal et à faire le tri avec l'expérience, et c'est plutôt rapide, à condition de vous faire confiance. Le mental est là pour nous garder connectés au monde réel, physique et logique. Il nous montre donc la voie qu'il juge la plus sûre, ce qui est utile dans la vie, mais on n'a pas besoin de lui lors d'une communication. Apprenez avec le temps à le mettre en veilleuse quand vous n'avez pas besoin de lui. Vous vous rendrez compte que les animaux parlent avec leurs propres mots, ont leur propre manière de s'exprimer et de vous envoyer des informations. Il y en a qui seront évidentes, d'autres plus subtiles, certaines vont sembleront venir de votre logique et de votre déduction, ne censurez pas et notez tout. C'est ensuite en faisant votre compte-rendu avec l'humain que vous saurez véritablement ce qui est juste ou non.

On a du mal à analyser correctement

Bien des fois vous vous retrouverez face à des bouts de communications complètement improbables et ne saurez pas quoi en faire. C'est là qu'il faut réussir à faire la part des choses. Parfois on peut recevoir les informations à travers notre propre filtre, c'est-à-dire qu'on va voir des choses qui nous parlent à nous directement, d'une manière qui ne sera déchiffrable que par nous. Même si le message ne nous est pas du tout adressé (au final, il y a toujours un petit bout de message qui résonne en nous, qui avons été appelé pour faire cette communication). Vous devrez donc réussir à faire le funambule avec ces réceptions pour trouver l'explication. En en parlant directement avec l'humain, vous réussirez à tout remettre dans l'ordre car lui saura probablement à quoi ça se réfère. Dans les cas où ça ne lui parle pas, il peut peut-être alors s'agir d'un message qui vous est adressé à vous uniquement, car les animaux des autres se permettent aussi de passer à leur communicateur des petits messages de soutien. Ils sont sur tous les fronts !

Et puis des fois, il arrive aussi qu'on capte des infos venues d'on ne sait où, ne vous cassez pas la tête sur une énigme, acceptez que parfois, on ne peut pas tout savoir et comprendre.

Un cheval m'a un jour poétiquement dit qu'il avait besoin de regarder les étoiles pour se sentir plus à l'aise. En en parlant à son humaine, j'apprends qu'elle est en train de préparer un concours pour changer de voie et travailler dans l'aviation ! Au premier coup d'œil, on aurait pu se dire que ce n'était qu'un message anodin et peu important, mais au final, ce que le cheval voulait exprimer, c'était les envies de son humaine, et probablement son accord pour qu'elle y mette tout son cœur et y arrive. Un petit clin d'œil de nos animaux gardiens, derrière chacun de nos pas.

On se compare aux autres

C'est humain, on a rarement confiance en soi-même et on se sent toujours plus mauvais que les autres. On se laisse alors facilement démoraliser par les bons résultats des autres, en rabaissant les nôtres. Pourtant, il vaudrait mieux prendre tout ça dans le bon sens ! Si les autres y arrivent, alors c'est la preuve que c'est possible, tout simplement ! Donc que c'est accessible aussi pour vous, bien évidemment. Pourquoi ? Parce qu'on part tous dans la vie avec les mêmes capacités et la seule chose qui nous ralentit c'est notre manque de motivation. Regardez les efforts des autres si vous le voulez et profitez-en pour vous auto motiver et vous laisser porter par leur exemple.

La peur de la page blanche

Parfois, on part avec trop d'attente, on est trop stressé par l'envie du résultat, et surtout d'un résultat rapide. On peut alors au final se retrouver avec le contraire de ce qu'on désire et se bloquer tout seul. L'angoisse va être trop forte, on va forcer les choses, alors qu'il est nécessaire d'être le plus détendu possible pour recevoir. On sera alors moins attentif et moins réceptif. La règle, s'il doit y en avoir une, est de prendre du plaisir et de faire des communications comme un jeu, pas comme une obligation.

On est parti avec trop d'informations

En communication, on ne doit demander que le minimum d'infos, à savoir celles de bases pour pouvoir se connecter au bon animal et les questions des humains. Si ils viennent pour une question de santé ou de comportement, alors on aura aussi ces infos, évidemment. Il faut par contre refuser d'avoir un trop plein de renseignements, au risque de ne pas se faire confiance quand on va recevoir les confirmations en communication. C'est certain que si vous entendez par l'animal une info que vous avez entendue par ses humains juste avant, vous risquez fort de vous dire « *oui, évidemment, ils me l'ont dit !* » Et de l'autre côté, comment les gens peuvent-ils croire en la télépathie si vous leur redonnez les détails qu'ils vont ont déjà donnés ? Eux aussi ont besoin de preuves. Et puis, quel bonheur de se faire une super surprise en ayant par les humains la confirmation de la communication que vous venez de faire avec leur animal ! Une preuve de plus !

La pratique n'est pas assez assidue

Si vous voulez devenir un pro du ballon, il semble logique et inévitable de vous entraîner sur un terrain de manière très régulière. De même pour maîtriser un instrument ou une pratique artistique. Si au bout d'un moment vous vous en lassez ou que le stress de rater vous fait procrastiner, il n'est pas étonnant que les résultats ne soient pas au rendez-vous, vous en conviendrez. Aidez-vous en associant vos séances de communication à quelque chose qui est très agréable pour vous, comme par exemple le faire dans un lieu qui vous inspire ou faire ensuite systématiquement quelque chose qui vous plait. Associer du plaisir à quelque chose qui peut créer du stress est une bonne solution pour le contourner.

On n'est pas assez positif et détendu

Si vous êtes de nature stressée, ou que votre quotidien est lui source de stress, apprenez à lâcher du lest, d'une manière ou d'une autre. Le sport est d'une grande aide pour trouver un équilibre entre le corps et l'esprit. Prenez aussi régulièrement du temps rien que pour vous où vous ferez uniquement ce qui vous plaît, ou même rien du tout ! Apprenez à déconnecter du monde extérieur qui peut être si épuisant.

Ensuite, quand l'énergie de votre corps est apaisée, concentrez-vous sur les exercices de détente, que ce soit sur le souffle ou les méditations de reconnexion.

Le cas des entités

Parfois, quoi que vous fassiez, vous n'obtenez jamais de résultats. Ou bien vous avez un début de communication, mais tout est brouillé, incompréhensible ou improbable ou bien encore vous faites face à un blanc magistral, au point de vous remettre en question et de vous demander si vous êtes bien connecté. Et bien il est probable que ni vous, ni l'animal ne soyez responsable de ça. Il existe une possibilité, infime mais tout de même existante, que l'animal « ne soit pas seul ». Certaines vibrations, qu'on appelle communément des *entités,* s'accrochent de manière énergétique à un hôte, et brouillent tous les signaux. Cela peut provoquer chez l'individu une baisse de tonus, de moral ou bien même mener à la maladie. Dans le cas où vous tentez une communication avec un animal sous le coup d'une entité, vous ne pourrez pas avoir de discussion fiable, toutes les informations seront erronées. Si vous vous retrouvez face à un cas complètement inexplicable, que ce soit au niveau de la santé physique ou mentale, c'est-à-dire qu'il est impossible de soigner l'animal ou que la maladie n'a aucune explication, ou encore que l'animal se comporte de manière très étrange et différente, qu'il a par exemple des accès d'agressivités soudains et répétés, penchez-vous sur l'option *entité.* Tous les cas étranges ne sont pas à mettre dans cette case-là, attention ! Utilisez votre discernement. Mais quand c'est le cas, après l'intervention d'un professionnel, les problèmes s'évacuent tout seuls, comme par magie, tels qu'ils étaient arrivés.

Les infos justes

Quand on fait une communication animale, on en donne le compte rendu aux humains, qui connaissent leur animal par cœur. Ils ont alors parfaitement placés pour « corriger votre devoir » et vous dire quelles sont les infos justes et fausses. Quand vous tombez sur une info précise qui s'avère juste, vous avez votre preuve. D'autant plus quand elle semble improbable, comme un comportement qui ne correspond pas à cette espèce, d'où l'absolue nécessité de ne pas s'auto censurer et de donner tout ce qu'on reçoit ! On peut se retrouver avec des surprises incroyables. Si vous ressentez une douleur, plutôt que de vous dire que c'est vous qui avez mal, donnez l'info et voyez si ça parle à l'humain. Si en effet l'animal a bien mal à cet endroit, vous avez votre preuve ! Si vous entendez un nom, ce peut être celui d'un compagnon ou d'une personne de l'entourage ou du passé. Mais vous ne le saurez avec certitude que si vous demandez aux personnes concernées, sinon vous resterez avec vos doutes.

Le changement de comportement

Si on fait appel à vous pour un problème de comportement, vous allez discuter avec l'animal de son mal-être, de ses causes et de ce qu'il convient de mettre en place pour qu'il se sente mieux et qu'il n'ait plus besoin de se comporter ainsi. Ensuite, c'est le temps qui parlera. Si l'humain vous rappelle pour vous dire que son animal s'est apaisé et qu'il a changé de comportement, alors vous avez mis dans le mille, bravo !

L'attitude de l'animal pendant la communication

Les animaux sont très réceptifs. Ils n'ont pas le blocage du mental comme nous. Alors il arrive très souvent qu'ils changent d'attitude durant une communication. Le plus souvent, ils s'effondreront de fatigue, même s'ils étaient excités juste avant. Parfois ils seront au contraire plus excités encore. S'ils vous regardent dans les yeux pendant la communication, alors c'est aussi qu'ils vous reçoivent bien.

Prenez l'habitude de prendre en compte et en considération tout ce qui peut vous arriver durant une communication et ce qui vous est rapporté après. Il n'y a pas de petite victoire, si quelqu'un revient vers vous en vous disant que son animal a changé sur un point précis, alors c'est une victoire. S'il n'a pas pris en considération les autres points, il a ses raisons, peut-être que c'est dû à un blocage qui reste, ou alors que ce n'est tout simplement pas le moment ou que ce n'est pas nécessaire.

Il est très utile de rester en contact avec les personnes qui vous ont demandé une communication pour voir votre progression, vos points forts et vos points faibles. N'hésitez pas à leur demander en fin de communication de revenir vers vous dès qu'il y a un changement, ou quelques jours ou semaines plus tard, selon le cas.

Prenez également de temps à autre le temps de relire votre carnet pour faire la différence entre vos communications actuelles et celles de vos débuts. Il est évident que le changement sera flagrant, même si vous ne l'aviez pas remarqué de jour en jour. Bien sûr, ce sera plus frappant en relisant vos notes les unes après les autres. Félicitez-vous de vos réussites et progrès et attachez-vous à travailler sur vos points faibles pour les renforcer.

Continuez à travailler régulièrement, en y mettant tout votre cœur et intéressez-vous en profondeur à ce nouveau monde, en grattant chaque nouvelle couche qui vous apparaît. Il y en aura toujours de nouvelles et avec elles de nouvelles découvertes et possibilités.

V ALLER PLUS LOIN

MÉDITATIONS SPÉCIALES

Message de la Terre à l'humanité :

« Mets tes mains sur moi. Sens mon pouls. Sens le vibrer en toi. Qu'est-ce que ça te dit ? Que la vérité est en toi. Je ne suis que ton miroir, ta propre vibration. J'existe pour toi, par toi. Je ne t'abandonnerai pas et je te soutiendrai toujours mais tu dois prendre soin de toi à travers moi. Nous sommes liés et mon avenir est impensable sans toi. Je sens mes forces s'épuiser pourtant je m'accroche car j'y crois. Je t'insuffle mon espoir. »

1 APPRENDRE LES DIFFÉRENTES FORMES DE SOIN

Le monde des énergies est vaste et ne se limite pas à la télépathie ou à l'intuition. Tout dans l'univers est vivant et vibre à une certaine fréquence énergétique et ce sont les rencontres de ces vibrations qui créent du mouvement, des événements, de la vie. Les vibrations ont tendance à s'attirer l'une l'autre dès lors qu'elles sont proches ou identiques. C'est ce qui se passe lorsque deux individus se rapprochent et font un bout de chemin ensemble, qu'il s'agisse de deux personnes ou d'un humain et d'un animal. Les deux vibrations se soutiennent et lorsque l'une s'élève un peu, elle tire l'autre avec elle, par transmission. Par conséquent, si l'on veut faire remonter les vibrations d'un autre individu, il est possible de l'aider à vibrer de manière plus fine et plus élevée, en lui envoyant la bonne énergie. On a déjà vu comment envoyer en pensée une énergie de guérison à un animal qui en a besoin. Si le sujet de la guérison vous intéresse, il est passionnant et offre des possibilités infinies. Les médecines douces, ou holistiques – qui signifie prendre en compte l'entièreté de l'individu – sont basée sur le principe de résonance entre les énergies et ne soignent non pas le mal en lui-même, mais l'individu en entier en prenant en compte son histoire personnelle et généalogique, son environnement et sa manière de vivre, ses limitations et ses blocages… Puisque la maladie a son mot à dire, et qu'elle n'arrive pas par hasard mais pour passer un message, il faut se pencher sur l'origine et la cause du déclenchement en aidant à soigner la personne ou l'animal dans son entier. Il est important de savoir que, de la même manière que l'individu à « lui-même » - inconsciemment - déclenché son mal, sa guérison est entre ses mains uniquement. Ce qui signifie que la personne qui vient à son aide n'est pas garante de sa guérison mais en est le déclencheur. C'est ensuite à l'individu, dans son inconscient, de choisir d'emprunter ou pas le chemin de la guérison. Au niveau énergétique, chacun est responsable de lui-même à cent pour cent. Quand vous venez en aide à un animal, vous lui donnez les moyens de trouver une solution, de comprendre son état actuel – ce qui bien sûr est compliqué quand on le vit directement, et qu'on est impliqué physiquement et émotionnellement. Tout être en mal-être a besoin à un moment ou à un autre d'un coup de pouce énergétique extérieur pour se remettre en selle. Quand vous envoyez de l'énergie d'amour et de guérison, vous devenez ce coup de pouce et aidez l'animal à recharger ses batteries pour avoir suffisamment de force pour remonter au combat. C'est ensuite à lui de s'engager dans la bataille.

En matière d'aide à la guérison par les énergies, il y a un choix conséquent. Vous pouvez vous essayer à toutes et trouver par l'expérience celle qui vous réussit le plus ou vous laisser guider par votre intuition pour trouver celle qui vous parle le plus. Il est possible que vous ayez des facilités connues ou inconnues pour l'instant pour une discipline de guérison. Si vous ressentez cette facilité, cet appel, ne l'ignorez pas, ce n'est pas là pour rien. Honorez votre talent en l'utilisant !

Le magnétisme

Cette discipline est un talent qui est en général inné et que les gens se découvrent à travers leurs mains. Si vous avez déjà été dans le cas où vos mains se sont mises à chauffer quand vous les avez appliquées sur la peau de quelqu'un pour l'apaiser, vous avez ce qu'on appelle du « magnétisme ». C'est ce qui passe lorsqu'on utilise ses mains directement pour soigner. Les mains sont un catalyseur qui permet de faire passer l'énergie qui passe par l'intérieur du corps vers l'extérieur. En magnétisme, l'énergie vient de sous nos pieds, de la terre, puis passe par notre corps pour ressortir par les mains. Quand vous êtes dans un état d'esprit d'aide à la guérison, alors cette énergie va venir vibrer à la fréquence nécessaire pour soigner la personne ou l'animal de son mal. Vous n'avez rien à faire de particulier à part être dans un détachement total, dans une volonté d'aider et tout ça avec une attitude positive. De la même manière qu'il ne faut pas communiquer avec un animal quand on a le moral à zéro, ne tentez non plus jamais de soigner quelqu'un par les énergies si vous êtes triste ou énervé. Les énergies basses se refilent aussi certainement que les belles énergies. Pour faire profiter l'animal de vos vibrations de guérison, placez vos mains au dessus de sa zone de blessure ou de maladie, ou commencez par la tête, et redescendez tout le long du corps. Vous pouvez tout aussi bien mettre vos mains au dessus, sans contact, que toucher directement. Sentez comment ça vibre pour vous, avec vos mains, chacun est différent.

Dans le magnétisme, un point est très important, c'est celui de la protection. L'énergie du magnétisme vient de la terre, passe par le magnétiseur puis par le malade. Toutes ces vibrations se confondent et peuvent rester et stagner là où elles ne devraient pas le faire. Et c'est le magnétiseur qui en est le réceptacle. De plus, au cours du process, le magnétiseur utilise ses propres réserves d'énergies et cela peut conduire à une grande fatigue. Comme une éponge, il va puiser de l'énergie pour pouvoir en redonner. Il n'est pas rare, même très classique, que des résidus de vibrations basses venant de l'individu qu'il soigne restent un peu en lui. D'où l'impérieuse nécessité de se protéger. Comment ? Entre autres possibilités, en vous protégeant à l'intérieur de votre bulle de protection, la même que vous avez apprise à mettre en place pour toute communication animale.

Tout le monde à la possibilité de pratiquer le magnétisme, mais comme dans tout domaine, certains l'ont plus développée que les autres. Il est possible aussi de moins la ressentir de manière évidente - peut-être qu'après avoir essayé, vous n'avez rien ressenti ni remarqué. Dites-vous que ça marche quand même. À partir du moment où vous avez l'intention de soigner et de faire du bien à l'autre de manière totalement désintéressée, l'énergie vous écoute, que vous la ressentiez ou pas. Ici aussi, la clé réside dans la confiance en soi. Dans tous les cas, c'est une technique que vous pouvez utiliser dès que vous vous retrouvez face à un animal qui est mal en point, malade ou en baisse de régime. Appliquez les points suivants pour soigner un animal à travers le magnétisme :

- Demandez-lui par télépathie son consentement, comme lors d'une communication.
- Si la réponse est non, alors n'insistez pas. Si elle est positive, continuez.
- Installez-vous confortablement dans votre bulle de protection. Prenez le temps de faire cette étape, très importante.
- Reliez-vous à votre chakra cœur, en visualisant une boule de lumière au centre de vos côtes, qui grandit peu à peu. Puis visualisez un cordon de lumière qui part vous connectez au centre la terre, puis qui sort de votre crâne pour aller jusqu'au ciel. Prenez le temps de vous sentir aligné, connecté et en paix.
- Si ça peut vous aider, frottez vos mains ou soufflez dessus pour aider l'énergie à s'y concentrer.

- Posez les sur la tête de l'animal, ou sur sa blessure ou près de son mal. Ou tenez vos mains à distance, au dessus, comme vous le ressentez. Attendez de sentir passer l'énergie, par une chaleur dans vos mains, du froid, des picotements, des battements, une sensation étrange quelle qu'elle soit…
- Si vous avez choisi de rester sur un point précis, restez aussi longtemps que vous sentez l'énergie passer. Quand le flot s'atténue, c'est que l'animal n'a pas besoin de plus. Si vous passez tout le long du corps, prenez attention à ce que vous ressentez. Si certains endroits vous paraissent plus chauds ou plus froids que d'autres, ou plus insistants, restez-y plus longtemps. Quand vous êtes arrivé au bout de la queue, et que vous ne ressentez plus un flot aussi important dans vos mains, vous avez fini.
- Soufflez plusieurs fois dans vos mains pour couper le flot d'énergie.
- Remerciez pour l'énergie que vous avez reçue et pour la guérison de votre petit protégé.
- Purifiez-vous dans une douche de lumière et quittez votre bulle.
- La séance est terminée.

N'hésitez pas, quand vous êtes face à un cas grave, à refaire des séances les jours ou les semaines suivants, à accompagner l'animal tout au long de sa guérison. Si vous ressentez qu'une seule séance suffit, gardez contact avec son humain pour suivre son évolution. Ça vous aidera aussi à suivre vos progrès.

Le reiki

Le reiki – qui signifie « énergie universelle » ou « force de l'esprit », est une technique de soin qui s'apparente au magnétisme. La différence est que pour pratiquer, il est nécessaire d'être initié par un maître reiki, qui vous enseignera l'histoire, les principes du reiki, son pouvoir, ses possibilités et ses applications, et ouvrira votre canal afin d'être apte à recevoir l'énergie du reiki. Contrairement au magnétisme, l'énergie du reiki ne vient pas de la terre, mais du ciel. Le praticien reiki n'utilise pas sa propre énergie mais est seulement un canal. C'est-à-dire qu'il reçoit l'énergie par son chakra coronal, qu'il la fait passer et résonner dans tout son corps, pour ensuite la restituer, pure, par ses mains à la personne ou à l'animal qu'il soigne. Du fait qu'il soit uniquement canal, il ne peut pas recevoir de mauvaises énergies et ainsi ne peut pas repasser de mauvaises vibrations au malade ou en recevoir lui-même. L'énergie du reiki est pure. Tout le monde sans exception peut pratiquer le reiki, qui est une méthode de soin à la fois à destination des autres, mais d'abord pour se soigner soi-même. Si vous en ressentez le besoin, alors faites-vous initier, c'est à la portée de chacun et dans l'intérêt de tous. Vous pourrez ainsi vous occuper de votre propre guérison – sur tous les plans, pas seulement physique - et aider les autres, animaux et humains, à aller mieux.

Les fleurs de Bach

Edward Bach était un médecin anglais né en 1886 qui découvrit, par l'intuition, le pouvoir énergétique des plantes et réussit à le canaliser et à le restituer à travers une méthode de soin très simple. Il comprit que les plantes, comme tout être vivant, vibraient à une certaine fréquence, qui leur étaient propre. Chaque végétal a en effet un pouvoir particulier, au niveau médical, ce qui est connu depuis la nuit des temps. Ce que Bach à découvert se situe au niveau vibratoire et agit au niveau des émotions, de la manière de se comporter et de ressentir et de réagir par rapport à son environnement. Pour utiliser ce pouvoir vibratoire des plantes, il a eu l'idée de capter cette fréquence dans l'eau de rosée du matin qui en est imprégnée. Il a répertorié le pouvoir particulier de chaque fleur qui poussait dans son environnement, la campagne anglaise, et aujourd'hui, nous avons accès à son savoir et au pouvoir des plantes à travers 38 remèdes, conçus uniquement à partir de la vibration de chacun des végétaux. Chaque remède s'est vu attribué un nom et un numéro, et des applications particulières.

Voilà un petit résumé, non exhaustif, de ces applications pour les animaux :

1 agrimony *(aigremoine)*

Animal toujours joyeux, sociable, partant pour jouer. A besoin de tranquillité.

Il va cacher son inconfort ou son inquiétude et les garder pour lui-même.

2 aspen *(tremble)*

Animal craintif, pour des raisons diffuses. Un animal qui gémit ou tremble souvent, sans raison apparente. Mal à l'aise dans certains lieux, il n'aime pas rester seul, il est hypersensible, a le sommeil agité.

3 beech *(hêtre)*

Animal agressif, bagarreur, intolérant, froid.

4 centaury *(petite centaurée)*

Animal passif, soumis, trop doux, qui accepte tout des autres sans broncher, ne se défend pas, manque d'affirmation de caractère.

Animal qui courbe l'échine, qui travaillera jusqu'au surmenage.

5 cerato *(plumbago)*

Animal hésitant, indécis. Animal sevré trop tôt. Obéit à tout le monde, imite ses congénères. Ne semble pas savoir ce qui lui faut, ce qu'il veut.

6 cherry plum *(prunier mirobolant)*

Animal inconstant, soumis à des peurs refoulées, à une perte de contrôle de soi. Sujet à des accès d'agressivité incontrôlable, mordeur ou griffeur.

7 chestnut bud *(bourgeon du marronnier d'Inde)*

Animal distrait, turbulent, difficile à éduquer, ne retient pas les leçons, répète les mêmes erreurs et les mêmes bêtises.

8 chicory *(chicorée)*

Animal qui a besoin d'être au centre l'attention, collant, et qui le manifeste bruyamment (aboiements, miaulements). Animal exigeant, dépendant et qui a peur de l'indifférence et d'être rejeté.

9 clematis *(clématite)*

Animal apathique, absent, désintéressé. Il ne réagit pas aux sollicitations et semble n'avoir de goût pour rien, perdu dans ses rêveries.

10 crab apple *(pommier sauvage)*

Animal obsédé par la propreté, ne mangera pas de nourriture éventée, ne fera pas ses besoins dans une litière sale. Animal stressé qui se gratte ou se lèche souvent, compulsivement. Indiqué également pour se remettre d'un empoisonnement, car c'est le remède de la purification.

11 elm *(orme)*

Animal soudainement fatigué, épuisé, sans raison apparente. Il montre des signes inexplicables de surmenage malgré sa vitalité naturelle.

12 gentian *(gentiane)*

Animal méfiant, craintif, facilement découragé. Il a peur de se faire toucher, gronder, et réagit en fuyant ou se terrant dans un coin. Il a parfois un lourd passé qui le laisse méfiant de tout et de tous.

13 gorse *(ajonc)*

Animal abattu, déprimé, semblant complètement démotivé et désintéressé de tout. Il peut devenir malpropre.

14 heather *(fausse bruyère)*

Animal ne supportant pas la solitude, et sujet à un hyper attachement aux personnes qui l'entourent. Égocentrique, il doit être constamment le centre d'attention, sinon, il attirera l'attention par des bêtises.

15 holly *(houx)*

Animal jaloux, ne supportant pas de partager l'affection de son humain avec un autre animal ou une personne de la famille.
N'apprécie pas l'arrivée d'un autre animal ou de bébé dans le foyer.
Peut montrer des signes d'agressivité.

16 honeysuckle *(chèvrefeuille)*

Animal qui a changé de vie, de famille, et qui vit dans la nostalgie et l'attente de ses anciens humains ou copains. Il perd le goût de vivre, l'appétit, se tient à l'écart et n'arrive pas à s'adapter à sa nouvelle vie.

17 hornbeam *(charme)*

Animal sans entrain, démotivé, indolent, montrant de la lassitude. Il ne trouve plus d'intérêt dans ses activités, et il faut le pousser.

18 impatiens *(impatience)*

Animal impatient, surexcité, stressé, agité, turbulent, sous tension. Peut avoir des réactions vives telles que de l'agressivité. Il peut être compliqué de l'éduquer et de le canaliser.

19 larch *(mélèze)*

Animal dominé, manquant de confiance en lui et d'assurance. Il accepte la soumission et se montre hésitant et distant.

20 mimulus *(mimule)*

Animal peureux et craintif envers une situation précise : bruits forts, aspirateur, transport, visite chez le vétérinaire… Il réagit de manière excessive, en partant se cacher.

21 mustard *(moutarde)*

Animal sujet à une forte dépression, à un mal de vivre, une mélancolie. Plus rien ne l'intéresse, il reste prostré, sans réaction, à fixer le vide.

22 oak *(chêne)*

Animal surmené, qui ne ménage pas sa peine, au risque de se conduire à l'épuisement total. Il surestime ses forces et ses capacités.

23 olive *(olivier)*

Animal à bout de force, épuisé physiquement (contrairement à Hornbeam). Il s'agit souvent d'un animal vieux ou sortant d'une longue maladie.

24 pine *(pin sylvestre)*

Animal très soumis, peureux, qui s'attend toujours à être grondé et réagit alors excessivement, en se traînant ou en partant se cacher. Il a peur du moindre bruit ou de la moindre réaction qui serait pour lui synonyme de l'arrivée d'une punition.

25 red chestnut *(marronnier rouge)*

Animal trop protecteur envers son entourage. Ne supporte pas qu'on s'approche de son humain, de ses petits, et n'hésite pas à faire montre d'agressivité.

26 rock rose *(hélianthème)*

Animal soumis à des peurs et terreurs très enracinées, et aux réactions intenses face à celles-ci. La peur peut les clouer sur place ou les faire déguerpir.

27 rock water *(eau de roche)*

Animal rigide, tendu, psychologiquement et physiquement. Il est intransigeant, accepte peu de choses. Au niveau physique, il marche avec difficulté et raideur. Pour les animaux se retrouvant bloqués des pattes, ou ayant des problèmes articulaires.

28 scleranthus *(scléranthe)*

Animal indécis, lunatique, imprévisible, manquant de stabilité psychique. Peut présenter un trouble de l'équilibre, être capricieux face à la nourriture.

29 star of bethlehem *(ornithogale en ombrelle)*

Animal ayant subi un traumatisme, physique ou psychologique. Si le choc vient d'avoir lieu, préférer Rescue, sinon, s'il date de plus longtemps, utiliser Star of Bethlehem. Le choc peut venir d'un abandon, d'une maltraitance, d'un choc physique... Les résultats visibles peuvent être l'abattement, le manque de propreté…

30 sweet chestnut *(châtaigner)*

Animal triste, se sentant sans pouvoir, dans une impasse. En général, un animal malade, ou vivant dans des conditions précaires.

31 vervain *(verveine)*

Animal très énergique, hyper actif, impulsif, nerveux, fonceur, pouvant se mener jusqu'au surmenage. Il a tendance à s'imposer aux autres, à avoir un caractère dominant.

32 vine *(vigne)*

Animal dominateur, fier, tyrannique, difficile à éduquer. Cherche à s'imposer et à mener, que ce soit envers ses congénères ou ses humains.

33 walnut *(noyer)*

Animal ne s'adaptant pas à de nouvelles conditions de vie, pouvant se montrer instable, ou même tomber malade. Peut s'utiliser lors d'un déménagement, après une mise bas, une castration…

34 water violet *(violette d'eau)*

Animal solitaire, indépendant, distant, sur ses gardes, n'aimant pas le contact et préférant l'isolement.

35 white chestnut *(marronnier blanc)*

Animal instable, inattentif, distrait, ayant du mal à se concentrer. Ne réagit pas lorsque son attention est absorbée ailleurs.

36 wild oat *(folle avoine)*

Animal qui se lasse rapidement, qui est heureux de commencer une tâche, mais s'en désintéresse vite. Souffre d'ennui, de mécontentement, peut se montrer agressif en réaction à ces émotions.

37 wild rose *(églantier)*

Animal apathique, passif, résigné. Il n'a plus d'intérêt pour rien, se laisse aller, parfois jusqu'à se laisser mourir.

38 willow *(saule)*

Animal de mauvaise humeur, voire agressif, se comportant comme une victime, contre tout le monde : chien qui grogne, chat qui crache...En général, c'est un animal ayant été maltraité, abandonné ou négligé.

Utilisez les fleurs de Bach sur un animal selon ses symptômes émotionnels, quelques gouttes par jour, tout le temps nécessaire à son mieux-être. Ces remèdes, autant utilisables sur les humains que sur les animaux, sont particulièrement efficaces sur ces derniers car ils ne sont pas soumis au voile de l'égo qui freine notre volonté de guérir. N'hésitez pas à vous référer à cette liste pour chaque cas que vous avez en soin car vous trouverez probablement le remède adéquat qui bien souvent peut être suffisant par lui-même, ou en plus d'une communication intuitive.

L'homéopathie

Au même titre que les fleurs de Bach, l'homéopathie est une médecine douce, qui est basée sur la vibration de chaque substance – animale, végétale ou chimique - qui est hautement diluée dans de l'eau. Le principe repose sur celui de la « similitude », qui date de la Grèce ancienne. Il s'agit d'utiliser une substance qui, pure, provoque certains symptômes chez un hôte sain, et de renverser le processus en utilisant cette substance de manière hautement diluée. Ainsi, la substance, diluée et dynamisée (lorsque le flacon est secoué à de multiples reprises), permet de guérir les symptômes associés. Les doses actives restantes sont si infinitésimales que ce qui reste est la vibration de la substance qui se retrouve imprimée dans l'eau. L'eau à cette propriété étonnante, qu'on appelle « la mémoire de l'eau », qui lui permettent de réagir de manière miroir à un événement qui lui arrive. Comme une plante, une eau qui est choyée, entourée de bonnes vibrations, va acquérir ces énergies et les garder en elle pour ensuite les restituer. C'est ce principe qui est utilisé pour les fleurs de Bach et l'homéopathie.

L'homéopathie est utilisée pour soigner le malade dans sa globalité, afin de le faire aller mieux sur tous les plans, car une amélioration sur un élément va attirer les autres avec elle et le résultat sera visible sur différents plans de la vie de l'animal ou de la personne.

La phytothérapie

Il s'agit de la médecine par les plantes, l'une des plus anciennes utilisées par l'humanité. Depuis toujours les Hommes utilisent leur environnement pour se soigner, de la blessure à la maladie en passant par le mal-être émotionnel. Les propriétés des plantes, à travers le monde, sont bien connues et il est possible de se référer à un guide pour trouver la solution à un problème. A chaque mal va correspondre un remède phytothérapie, qui a l'avantage d'être cent pour cent naturel et respectueux du corps. Les plantes étant très puissantes, elles sont à utiliser de manière éclairée. Beaucoup sont des poisons, ou peuvent le devenir si elles sont mal utilisées. Faites-vous toujours accompagner par un professionnel lorsque vous voulez vous soigner par ce biais, ou l'utiliser pour aider un animal.

2 COMMUNIQUER AVEC LES AUTRES RÈGNES

Vous vous exercez à faire de la télépathie avec des humains et des animaux, à la fois en direct et à distance. Vous avez compris que la communication intuitive n'avait pas de frontière. Pour continuer à l'explorer, il vous reste du champ libre, qui n'attend que vous. S'il est possible de communiquer par télépathie avec une autre personne et un animal, où peut-on aller encore ? La télépathie capte les vibrations émises par les cellules. Tout dans l'univers est composé des mêmes cellules, qui sont donc toutes vibratoires. On peut donc considérer que tout ce qu'on peut trouver sur Terre est vivant vibratoirement et peut être capté par tous nos sens.

Connaissez-vous la sylvothérapie ? C'est une pratique qui consiste à aller en forêt à la rencontre des arbres et de se régénérer à leur contact. On en profite pour leur parler, pour les enlacer et pour bénéficier de leurs puissantes vibrations. Les plantes ont énormément de choses à offrir à l'humanité. Pendant vos balades en forêt, engagez le dialogue avec elles. Les fleurs, les buissons, l'herbe, les arbres...Asseyez-vous près d'une plante et ressentez son énergie. Présentez-vous à elle et demandez-lui si elle a envie de vous parler d'elle, et écoutez-la.

Les minéraux aussi sont disponibles au dialogue. Leur puissance vibratoire est fabuleuse. Qu'ils soient de la pierre simple ou précieuse, ils auront des choses à vous dire. Si vous avez chez vous des pierres que vous utilisez pour leurs propriétés énergétiques, essayez de

ressentir leur message, leur puissance pour comprendre comment elles vous aident sur le plan énergétique…
Les murs en pierre des vieilles maisons aussi peuvent parler, posez vos mains sur eux pour ressentir les vibrations qu'ils ont engrangées au fil des générations.

La terre, le ciel, les mers eux aussi sont en communion avec l'humanité. Ils sont là depuis le début des temps et sont ravis de partager leurs mémoires et leurs expériences avec tous les êtres vivants qu'ils ont rencontrés.

Au-delà de ce qu'on peut voir, il y a aussi les vibrations des autres plans, qui sont difficilement décelables par les yeux, ou même par les autres sens, et qui pourtant nous entourent constamment. Il est plus facile pour commencer de partir du principe que tout cela existe, et d'aller chercher les preuves directement et par l'expérience. Certains êtres font partie du genre des Esprits. Ils n'existent pas en tant que tel mais sont des vibrations qui représentent et protègent certains domaines de la vie. On leur donne des noms différents selon les régions du monde et les époques : les fées, les devas, les dragons, les elfes, les esprits des éléments (feu, air, eau…), les esprits d'un lieu en particulier (votre lieu d'habitation, une rivière, une montagne, une forêt...)
Partez à la découverte de ces êtres si ça vous attire, et seulement quand vous vous sentez prêt. C'est un domaine un peu plus flou et différent du reste.

3 TROUVER SON ANIMAL TOTEM GUIDE

Nous avons tous un animal qu'on appelle totem ou guide, c'est à dire qui qui est connecté à chacun de nous individuellement. C'est un être énergétique qui prend une forme animale en vibration avec notre personnalité. Ce sera un animal qui portera des symboles et des messages qui nous parlent directement. Pour vous, il va représenter des qualités dont vous avez particulièrement besoin. Vous n'aurez peut-être pas l'impression de les avoir, mais c'est en réalité celles qui sont enfouies au fond de vous, n'attendant qu'à être révélées. En vous connectant avec votre animal, vous pourrez vous connecter à ces capacités et apprendre à les développer, à les utiliser quand vous en avez besoin.

Au cours de la vie, cet animal peut évoluer avec vous en prenant une nouvelle forme pour vous accompagner au mieux sur notre chemin. Il est toujours près de vous et prêt à vous aider. Parfois il vous pousse à réagir d'une certaine manière en vous insufflant sa force, pour vous aider à traverser un évènement et à grandir avec lui.

Sachez que votre animal totem n'est pas forcément l'animal dont vous vous sentez le plus proche ou celui que vous trouvez le plus impressionnant ou encore votre animal préféré. Ce n'est pas aussi simple que ça. C'est celui qui vous représente, et on sait à quel point il est compliqué pour chacun de savoir qui on est réellement. Ne vous sentez pas vexé si votre animal n'est pas aussi impressionnant que le lion ou le loup. C'est peut-être un petit animal, ou un animal qui vous fait peur, ne vous inquiétez pas, il aura tout autant de pouvoir à vous accorder et de qualités à vous insuffler. Tous les animaux ont leurs forces propres, il n'y a pas de hiérarchie d'utilité dans la nature. L'araignée à autant à nous apprendre que le lion.

Pour découvrir quel est cet animal, il y a plusieurs techniques :

- Vous pouvez faire une méditation guidée en ce sens.
- Vous pouvez le rencontrer directement en chair et en os dans la nature, comme ça se faisait alors dans les peuples anciens. Si vous le rencontrez de cette manière, vous saurez instinctivement que c'est lui. La magie de l'instant sera parlante. Remerciez-le alors de s'être montré à vous d'une manière aussi généreuse.
- Vous pouvez aussi rencontrer votre totem sans le rechercher, lors d'une méditation dans un autre but, ou pendant une séance de communication animale. Ça a été mon cas. Durant une séance, un paysage d'ouest américain s'est imposé à moi, et un mustang blanc surmonté de son cavalier Amérindien s'est présenté à moi. J'ai alors compris que cette rencontre fortuite était une révélation toute personnelle. Cet étalon était mon animal totem. J'étais d'autant plus ravie qu'il soit venu de lui-même à moi que j'avais déjà tenté des méditations guidées sans succès… aucun animal ne m'était apparu. On ne peut pas contrôler les signes qu'on reçoit, ils viennent d'eux-mêmes quand ils décident que c'est le bon moment. Ça peut aussi s'avérer être votre cas, prenez alors votre mal en patience et laissez la frustration de côté. Tout viendra en temps et en heure, et surtout de la manière adéquate.

Pour commencer, je vous propose une méditation guidée pour partir à sa recherche. S'il ne vient pas dès la première tentative, retentez le coup un autre jour.

Installez-vous confortablement. Faites une série de respirations profondes. Imaginez-vous entouré d'obscurité. Rien ne vient vous déranger, vous êtes dans votre espace. Puis peu à peu, une lumière émerge. Partez à sa source, en marchant doucement. Plus vous avancez vers cette lumière, plus elle devient grande et plus des formes et des couleurs vous apparaissent. Vous vous rendez compte que vous êtes en train de suivre un sentier de montagne, qui monte doucement vers un sommet. Tout en haut, la vue est superbe. Un panorama immense s'étale devant vous, à vos pieds. En haut, un ciel bleu interminable vous couvre. Tout autour de vous s'étend un plateau, un grand espace vert et fleuri, s'étendant à perte de vue le long de la falaise. L'herbe est grasse et semble confortable, des milliers de petites fleurs de toutes les couleurs parsèment le sol. Il n'y a aucun bruit, car vous êtes seul. Personne ni aucun animal sur le plateau ni dans les airs. Continuez à marcher le long du sentier qui traverse le champ de fleurs. Prenez une profonde inspiration de cet air pur. Imaginez que cet espace est à vous, que vous pouvez tout y faire et y inviter qui vous voulez. Commencez à regarder tout autour de vous. Soyez attentif, est-ce qu'un bruit vient troubler le silence ? Est-ce qu'une forme apparaît au loin ? Cela peut prendre du temps, qu'importe, vous l'avez.

Il y a des pas qui se font soudainement entendre dans votre dos. Vous vous retournez calmement. Votre animal guide est là, devant vous.

Admirez-le. Quel est-il ? Laissez-le venir à vous et se présenter. Écoutez son nom s'il vous le dit. Demandez-lui un mot pour expliquer votre connexion.

Quand vous vous êtes familiarisé avec votre guide, vous pouvez faire un bout de chemin avec lui, en sentant sa présence, la force qui en émane.

Il est temps de vous quitter. Remerciez-le de vous être apparu et de vous accompagner depuis le début. Regardez le partir de son côté et disparaître à l'horizon.

Asseyez-vous dans l'herbe et prenez le temps nécessaire pour revenir à un état calme. Vous êtes seul, face à vous, vous pouvez rouvrir les yeux dès que vous en ressentez l'envie.

Prenez votre carnet pour y noter votre voyage et toutes vos impressions. Décrivez votre animal physiquement et ce que vous avez ressenti à ses côtés. Notez les mots qu'il vous a dits. Vous apprécierez de pouvoir relire tout ça plus tard.

4 DEMANDER ASSISTANCE À SON ANIMAL GUIDE

Une fois que vous aurez trouvé votre animal totem, vous pourrez alors sans problème lui demander de vous aider et vous guider lors de vos séances de communication. Il sera ravi de vous envoyer des infos et de vous éclairer. Avant de commencer une communication, centrez-vous sur votre cœur, et appelez votre animal guide. Demandez-lui de vous assister pendant cette séance, de vous aider à affiner vos ressentis et de vous envoyer des informations. Avec lui à vos côtés, vous vous sentirez plus confiant et soutenu, et ça devrait probablement bien vous aider.

Si vous voulez essayer quelque chose d'un peu différent, vous pouvez contacter l'animal totem qui agit sur vous en ce moment, en plus de votre animal guide. Il est intéressant de faire cette méditation dans les périodes de doute ou de vide car vous allez pouvoir vous reconnecter avec votre force intérieure du moment, en un clin d'œil. C'est une petite méditation que vous pouvez pratiquer régulièrement, peu importe où vous vous trouvez, et qui pourra vous aider à vous ré-ancrer et à vous ré-énergiser.

Posez-vous confortablement, fermez les yeux et faites de la respiration complète. Centrez-vous sur votre cœur et imaginez qu'il se transforme en une boule d'énergie dorée. Cette boule vibre et grandit doucement jusqu'à être plus grande que votre buste. Elle continue son expansion jusqu'à l'horizon. Où que vous regardiez, tout est doré et baigné d'une lumière tamisée et surnaturelle. Vous vous sentez bien et à votre place. Ne forcez plus votre imagination et laissez-la travailler pour vous, en lui laissant le champ libre. Laissez venir à vous un paysage, quel qu'il soit. Voyez le prendre forme et s'installer autour de vous. Vous pouvez vous y balader aussi longtemps qu'il vous plaît. Profitez-en. Puis venez prendre place à un endroit qui vous attire. Demandez à voix haute ou dans votre tête à recevoir la visite de l'animal qui vous guide en ce moment. Puis laissez faire. Il va vous apparaître de la manière qu'il aura choisie. Peut-être va-t-il surgir dans le ciel, ou depuis un lac, ou encore sortir de la forêt. Peut-être va-t-il se présenter à vous directement et se retrouver instantanément devant vos yeux. Peut-être allez vous seulement sentir sa présence et ne pas le voir, ou encore allez vous sentir votre corps se métamorphoser et devenir lui. Laissez venir. Quand il est enfin là et que vous l'avez reconnu, remerciez-le de sa venue et de sa protection. Profitez de sa présence puis posez lui les questions suivantes :

- Pourquoi est-tu à mes côtés en ce moment ?
- Quelles sont les qualités que tu m'offres ?
- Quel conseil as-tu à me donner ?
- Acceptes-tu de continuer à m'accompagner et à me partager ta force ?

Si vous avez d'autres questions, posez-les-lui. Puis, quand vous sentez que la rencontre est complète, remerciez le une dernière fois, et quittez le. Respirez profondément pour revenir à un état de veille quand vous le sentez.

Notez cette rencontre, et tout ce qu'elle vous a offert sur votre carnet.

Voilà en exemple l'animal totem qui s'est manifesté lors d'une séance que j'ai faite à Émilie.

L'araignée : Elle tisse sa toile, sûre d'elle et ordonnée. Elle ne tangue ni ne flanche. Elle tisse son destin et ne détourne pas les yeux. C'est un animal plein d'assurance. Elle n'aime pas être dérangée et se protège. Son monde est beau et inaccessible. C'est elle qui doit nous attirer. Elle glisse sur sa toile sans que rien ne la dérange. Elle est en paix. Souviens toi d'agir à ton bonheur, tu es la créatrice de ta vie.

5 SE RECONNECTER À LA TERRE MÈRE

Cette méditation, très profonde et apaisante, vous permettra de vous ancrer de manière puissante et de vous sentir uni au Tout, à la Nature, à la Terre Mère. Vous pouvez très bien la pratiquer de chez vous, au calme, ou profiter d'une balade dans la nature pour être parfaitement immergé. C'est une méditation que vous pouvez pratiquer aussi souvent que vous en ressentez le besoin, car elle offre la possibilité de s'ancrer, de calmer ses émotions trop intenses, de se reconnecter à son Soi profond, et ainsi de se sentir plus en paix. Au fur et à mesure que vous la pratiquerez, faites-la vôtre, et laissez venir les choses comme elle viennent. Chaque séance sera différente.

Fermez les yeux et respirez profondément. Laissez vos pensées aller et venir, ne vous attardez pas dessus, ne vous en voulez pas de les recevoir, elles ne font que passer. Imaginez-vous être sous une lumière radieuse, chaleureuse, qui ne brille pas trop fort. Elle vous réconforte et vous

rassure, elle est là pour vous. Profitez-en. Sentez qu'elle passe par le haut de votre tête, par le chakra coronal, et qu'elle descend peu à peu le long de votre colonne vertébrale, chakra par chakra : le troisième œil, la gorge, le cœur, le plexus, le nombril, le périnée. À partir de là, la lumière se transforme en racines, qui sortent du bas de votre corps pour rentrer délicatement dans la terre. Et s'y propager. Elles grandissent et se multiplient jusqu'à atteindre le centre de la Terre. Quand vous êtes parfaitement ancré et que votre base est solide, voyez vos bras se transformer en branches, se multiplier et grandir jusqu'au ciel. Vous êtes un arbre magnifique et puissant. Sentez-le. Observez les bourgeons qui se forment tout le long de vos branches, et qui éclosent en de belles fleurs et feuilles. Laissez les couleurs venir à vous. Profitez de ce spectacle coloré et lumineux. Et voyez venir à vous une myriade de petits animaux : des écureuils grimpent le long de votre tronc pour y trouver un abri, des petits oiseaux viennent se poser sur vos branches, des araignées et des insectes, mouches, papillons, abeilles...viennent voleter au milieu de vos feuilles. Vous les accueillez avec bonheur. Puis du bout de la forêt apparaissent de plus gros animaux : des biches accompagnées de leurs faons, des meutes de loups, des hordes de sangliers, des renards, des serpents qui sortent du sol… Laissez venir à vous tous les animaux qui le désirent, ils peuvent tous trouver leur place autour de vous. Accueillez-les et remerciez-les. Puis arrive la pluie, une pluie colorée et lumineuse, qui tombe du ciel et coule le long de vos feuilles. Elle tombe si longtemps qu'un lac se forme autour de votre tronc. Il grandit de plus en plus jusqu'à former une mer. Les poissons, les dauphins, les baleines, les tortues, les oiseaux de mer arrivent.
Accueillez tout ce qui vient à vous, quoi que ce soit, et laissez-vous porter. Restez ainsi autant de temps qu'il vous plaira. Quand il est temps de quitter l'arbre, respirez profondément, et ouvrez les yeux.

VI CONCLUSION

Vous avez passé la première porte d'un monde plein de mystère, qui n'attend que de se dévoiler à vous. Tout au long de ce parcours, l'amour du monde animal et de la nature doit vous guider. C'est la base solide sur laquelle vous allez construire votre monde intuitif et vous créer jour après jour.

Pensez à régulièrement vous retrouver en vous-même, dans le silence de votre propre vérité, car vous êtes le seul à la connaître. Ne laissez aucun trouble extérieur vous diminuer et vous atteindre, continuez de vous entraîner, même si vous ne ressentez pas les effets et les évolutions. Vous apprenez tout le temps, dès que vous vous pratiquez, sans même vous en rendre compte. Plus tard, vous regarderez en arrière et verrez le beau chemin parcouru.

Les animaux du monde ont de plus en plus besoin de nous, de notre attention et de notre amour. Nous ne pouvons plus nous permettre de nous opposer à la nature. La communication animale est le lien entre nos deux mondes et plus nous donnerons de voix aux animaux, plus nous participerons à leur préservation. Ils ont besoin de nous et comptent sur nous.

Faites-vous confiance, et faites-vous plaisir ! La communication animale est un cadeau et un monde merveilleux qui n'a pas de limites.

Bonne pratique !

ISBN 978-2-9572753-0-4
EAN 9782957275304
Achevé d'imprimer en Mai 2020
Dépôt légal : Mai 2020

Printed by Amazon Italia Logistica S.r.l.
Torrazza Piemonte (TO), Italy

22184990R00103